北京文博

文 丛

二〇二一年第三辑

北京市文物局　编

北京燕山出版社
BEIJING YANSHAN PRESS

图书在版编目（CIP）数据

北京文博文丛. 2021. 第3辑 /《北京文博》编辑部

编. -- 北京：北京燕山出版社, 2021.12

　　ISBN 978-7-5402-6280-8

　　Ⅰ. ①北… Ⅱ. ①北… Ⅲ. ①文物工作 – 北京 – 丛刊

②博物馆 – 工作 – 北京 – 丛刊 Ⅳ. ①G269.271-55

中国版本图书馆CIP数据核字(2021)第239392号

北京文博文丛·2021·第3辑

出版发行：北京燕山出版社有限公司

社　　址：北京市丰台区东铁匠营苇子坑138号C座　　100079

责任编辑：郭　悦　任　臻

版式设计：肖　晓

印　　刷：北京兰星球彩色印刷有限公司

开　　本：787mm×1092mm　1/16

印　　张：8

字　　数：181千字

版　　次：2021年12月第1版

印　　次：2021年12月第1次印刷

ISBN 978–7–5402–6280–8

定　　价：48.00元

北京文博

2021年第3辑（总105期）

主办单位：北京市文物局

编辑出版：《北京文博》编辑部

北京燕山出版社

网址：http://wwj.beijing.gov.cn

邮箱：bjwb1995@126.com

目录 | Contents ||||||||||||||||||||||||||||||||||||||||||||||||||||||||||||||

声 明

执行主编：韩建识
编辑部主任：高智伟
本辑编辑：韩建识　　陈　倩
　　　　　高智伟　　康乃瑶　　侯海洋

Beijing Cultural Relics and Museums

No. 3, 2021

Organizer: Beijing Municipal Administration

Bureau of Cultural Heritage

Edited and Published by the Editorial Department

of Beijing Wen Bo, Beijing Yanshan Press

URL:http://wwj.beijing.gov.cn

E-mail: bjwb1995@126.com

目录 | Contents ||||||||||||||||||||||||||||||||||||||||||||||||||||||||||||||||||||||||||||||||||||

明代房山云居寺刻经的相关问题探究

郭雅楠　张爱民

房山石经刊刻自隋代开始，后历经唐、辽、金、元、明几代，共刻石经一万四千余块，分别藏于石经山藏经洞和云居寺内地穴中，另云居寺院内还立有清代早期的5块刻经碑。与唐辽刻经的鼎盛时期相比，明代刊刻数量并不算多，佛经的真正续刻在明晚期万历年间才开始。较为特殊的是，宣德年间有道士仿效佛教刻造石经形式，募刻道教经典《玉皇经》共八块经板藏于石经山，成为藏经洞中仅有的道教经典。这些道教石经和佛教石经比较起来可谓沧海之一粟，但通过这次道教石经的储藏，却可以看到明代佛道两教关系的一斑。

一、明代早期朝廷对云居寺刻经的关注

洪武二十一年（1388）正月二十一日，随侍燕王朱棣的高僧道衍（即姚广孝）奉旨前往石经山视察。道衍为隋僧静琬开创的刻经事业所感，题《石经山》，镌于华严堂石壁。诗曰：

峨峨石经山，莲峰吐金碧。秀气钟芯题，胜概拟西域。

竺坟五千卷，华言百师译。琬公惧变灭，铁笔写苍石。

片片青瑶光，字字太古色。功非一代就，用藉万人力。

流传鄙简编，坚固陋板刻。深由地穴藏，高耸岩洞积。

初疑鬼神工，乃著造化迹。延洪胜汲冢，防虞犹孔壁。

不畏野火燎，讵愁苔藓蚀？兹山既无尽，是法宁有极？

如何大业间，得此至人出。幽明获尔利，乾坤配其德。

大哉弘法心，吾徒可为则。[①]

道衍的这次视察大概引起了朝廷对云居寺的关注，洪武二十六年（1393），朝廷曾拨款对云居寺和石经山进行过一次修复[②]，或许和道衍之行不无关系。明成祖未必去过石经山，但他应当也听过姚广孝讲云居寺的石刻。《释氏稽古略续集》卷三记载："（成祖）旨刻大藏经板二副：南京一藏，六行十七字；北京一藏，五行十五字。又旨石刻一藏，安置大石洞。向后木的坏了，有石的在。"[③]以上内容与永乐年间的刻经事宜有关，其中提到了"石刻一藏，安置大石洞"的计划。只是不知为何，该计划似乎并没有施行，后世并未见到明代官方刻造的石经遗存。

二、明代晚期石灯庵续刻佛经

万历二十年（1592）五月二十日，高僧达观真可发掘出静琬大师在雷音洞秘藏一千余年的佛舍利，经慈圣皇太后虔心斋供后回藏，成为轰动一时的佛教盛事。达观真可是明末颇具名望的高僧，他与一批热衷传播佛教的僧人和居士发起刊刻方册大藏（即《嘉兴藏》）之事[④]，在明末佛

教复兴中发挥着引领和中坚的作用。此事之后，云居寺在北方佛教界的名声随之大振，达观与另一高僧释德清将被卖与当地富豪的琬公塔院收回并重整寺风[5]，一改其明中叶的衰落混乱景象。不过这之后，石经的续刻却未立刻开展。

从石经题记上看[6]，明代云居寺佛经的镌刻始于明神宗万历四十八年（1620），以在京做官的部分南方居士为主的各界捐资人，在京城石灯庵镌造《华严经》《法宝坛经》《宝云经》等十多种经文的小经板，运到云居寺瘗藏，由于石经山各洞藏经已满，便另辟一洞藏之，即今新编第六洞中。崇祯四年（1631），捐资者之一、明代著名书法家董其昌与许立礼等人游览小西天，题写"宝藏"，并被刻石镶嵌于该洞洞额上（图一）。此为明代唯一一次大规模的佛经锢藏事业，但与前朝相比数量十分有限。

（一）佛经续刻的兴起

石经的镌刻不是一个简单的事业，它需要发愿及大众的配合。从参与明代刻经的捐资者来看，居士群体成为了捐刻经碑的主要力量，如海虞清常道人赵琦美、佛弟子吴洞庭葛一龙、秀水居士包士杰等，他们多为有相当社会地位的官僚、士绅及其家属，其中以浙江籍和江苏籍最多，其次是京畿地区和福建[7]。除居士外，僧侣也参与捐刻了一定数量的佛经，如内白山比丘行全、西吴沙门真程等。那么续刻佛教石经是如何在这些人中兴起的呢？

明代文学家沈德符在《万历野获编》中记载了有关房山石经的内容：

大房山，在京师房山县境内，俗名小西天是也。隋大业间，僧静琬募金钱凿石为板，刻藏经传后，至唐贞观仅完《大涅槃》一部，其后法嗣继其功，直至完颜时始成，贮洞者七，穴者二，封以石门，镇以浮屠。我太祖命僧道衍往视，衍即少师姚广孝也，留咏而归，历代扃闭如故。去年浙僧名自南者忽来谋于余，欲发其藏简，其未刻者绪成全藏。予急止之日："不可。方今梵夹书册盛行天下，何借此久闭之石？静琬当时虑未法象教毁坏，故闭此为迷津宝筏。今辇下雕弊，不似往年，宫披贵貂，亦未闻有大檀施，若一启则不可复钥，必至散轶而后已。"自南唯唯，亦未以为然，余再三力阻之，不知能从与否？[8]

沈德符，字景倩，又字虎臣，号他子，浙江秀水（今浙江嘉兴）人，《万历野获编》正编成书于万历三十四年（1606）至三十五年（1607）间，共二十卷，续编成书于万历四十七年（1619），十二卷。房山石经内容收录于第二十四卷，为续补卷内容，故文中所指的"去年"，应为万历四十六年（1618）。这一年，浙江僧人自南与沈德符商议"欲发其藏简，其未刻者绪成全藏"，但遭遇沈德符劝止，原因即为之前所提及的方册大藏（梵夹书册）盛行，沈认为没有再刻石经的必要。沈德符出生于一个士大夫家庭，其父沈自邠任翰林院撰修，参与了方册大藏经的发起和前期的化缘，沈德符自然了解当时大藏经刊刻的情况。虽然他劝阻自南不要续刻，但从这段文字我们能了解到，在万历四十六年，来自浙江的出家人自南已开始劝募续

图一 董其昌题"宝藏"刻石拓片

刻石经。

福徵注疏《憨山老人年谱自叙实录》云：

> 徵按房山县，有石经洞隋时静琬法师，凿石为板，刻经一藏，贮于洞，以石门闭之，累代皆有碑刻。自达师经理后，有都城石灯僧自南，募资续刻，时在万历戊午，徵以明经应试在都，力襄其事。又闻之五乳侍者云，壬辰，两师遇于都门西郊园中相对兀坐，四十昼夜，目不交睫，计修明代《传灯录》，因约往溯曹溪，以开法脉云云。兹止云生平之奇，而不详，或此未足奇，更有奇特。⑨

"徵"即福徵，本名谭贞默，福徵为其出家后的法号。谭贞默为崇祯元年（1628）进士，浙江嘉兴人，历任工部虞衡司主事、大理寺寺副、太仆寺少卿、国子监司业兼祭酒等，后皈依佛门。上书注疏有曰：

> 万历丙辰（1616）长至月，虔上双径寂照庵，皈依憨本师。赋呈古诗一首。（诗略）
> 天启甲子（1624）暮春，寓燕京石灯庵。审文憨本师曹溪寂音，因集诸缁白弟子，建诵经念佛道场。因作遥恸诗，排律五十二韵，以志哀。（诗略）⑩

谭贞默记述自达观大师经理云居寺后，石灯庵僧自南"募资续刻"石经，万历戊午年即万历四十六年时，谭"以明经应试在都，力襄其事"。从其年代与事件来看，此处"自南"与沈德符所提应为一人。谭贞默为憨山德清弟子，考虑其与达观、云居寺的关系，得以力襄其事也是非常合理的。另《帝京景物略》卷八中收录有谭贞默《石经山诗呈王墨池先生》一诗：

> 范阳雄郡竺山岑，幻出云居香树林。
> 南岳勇传随季法，石灯痴续劫灰心
> （时石灯庵南公续刻石经）。
> 螺书龙画经风雨，孔壁周藏并古今。
> 自是有缘依帝寝，阴浓泉永足幽寻。⑪

诗注提及自南石灯庵续刻石经一事。从以上信息来看，浙江僧人自南应当就是佛经续刻的最初发起者。从不晚于万历四十六年开始，自南开始联络多方人士，劝募共同从事刻经事业。最终一批有影响力并热衷传承佛教的人士被发动起来，于万历四十八年前后开启石经续刻。

（二）佛经续刻的结束

明代石经刊刻的结束年代并无具体记载，从董其昌题"宝藏"的年代来看，最晚在崇祯四年（1631）就已结束，距开始刻经仅十一年。石经题记中仅有两处提及时间，一为《六祖大师法宝坛经》，万历四十八年（1620）；一为《大方广佛华严经》，天启三年（1623）。那么明代佛经刊刻究竟何时结束，为何短暂收官，我们或许可以从当时的历史事件中寻得一丝线索。

明《帝京景物略》卷四载《石灯庵》：

> 庵旧名吉祥，万历丙午，西吴僧真程自云栖来，葺之而居。发古甃下，得石幢一，式如灯台，傍镌《般若心经》一部，唐广德二年少府监施，朝请郎赵偃书。适黄仪部汝亨过其地，以庵甫治而灯适出，遂手书额，自是称石灯庵焉。程居此无华饰，朝梵夕呗，二十余年无懈日，日无懈声。绅衿缁素，月八日就此放生，笼禽雀，盆鱼虾，筐螺蚌，罗堂前。僧作梵语数千相向，纵羽空飞，尊者落屋上，移时乃去。水之类，投皇城金水河中，网罟筍饵所希至。人谓庵"小云栖"云。
>
> 嘉兴谭贞默《石灯庵放生》（诗略）
> 麻城刘侗《石灯庵放生》（诗略）
> 长洲葛一龙《九月十四夜看月南上人庵》（诗略）⑫

万历丙午年也就是万历三十四年（1606），僧人真程来到石灯庵，重新修葺后寓居于此。从石经题记及相关记载来看，真程、谭贞默、葛一龙后来均为刻经的参与者。

孙小力校注《帝京景物略》对这段话注曰：

> 石灯庵，位于京城西南隅。元泰定中

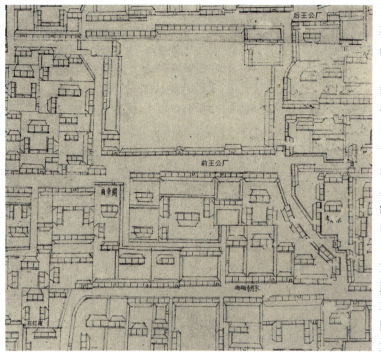

图二 《乾隆京城全图》（局部）⑯

建，名吉祥寺。明万历三十四年(1606)重建，改名石灯庵。天启六年(1626)王恭厂火灾时，庵亦成灰烬。⑬

崔瞿校注《帝京景物略》引明代孙国敉《燕都游览志》云：

石灯庵在承恩寺之右，迨王恭厂火变，庵亦成灰烬。⑭

明天启六年（1626）五月初六日，京城西南王恭厂遭遇了一场特大灾难，沿近屋舍多受其害。就其表征来看，既似地震，又似火药爆炸，因其发生原因的诡异、伤亡损失的惨重，时人称之为"自古未有之灾"⑮。从《乾隆京城全图》上看（图二），石灯庵在王恭厂西南约两条街的位置，恰在灾害波及的范围内，因此，其毁于王恭厂火变这一说法应是合理的。另外《帝京景物略·石灯庵》记载"程居此无华饰，朝梵夕呗，二十余年无懈日，日无懈声"。真程于万历三十四年重修石灯庵，至天启六年正好是二十年，时间上也相吻合。石灯庵被毁，刻经的事业必然会受到影响，有可能就此停滞，即便后续仍有刻经，人力与财力的支持也大不如

前。或许，这一突发事件碰巧成为了明代刻经短暂收官的一个原因。

根据以上文献的记载，我们大致能勾勒出明代中晚期云居寺佛教刻经的基本情况：万历年间，云居寺因发现舍利而又重兴，名声大振。浙江僧人自南萌生续刻房山石经的想法，从不晚于万历四十六年开始，陆续劝募以在京南方居士为主的各方人士资助刻经，其间得到僧人真程以及谭贞默、葛一龙等人的支持。万历四十八年前后，石刻佛教大藏经在北京石灯庵再度开工，共镌造《华严经》《法宝坛经》《宝云经》等十多种经文的小经板，之后运到石经山瘗藏。天启六年，王恭厂大火，附近的石灯庵遭到毁灭，石经的续刻事业随即告一段落。

三、藏经洞中的道教刻经

明代以前，石经山藏经洞中所藏皆为佛经。明宣德三年（1428），全真教的陈风便和正一教的王至玄等，仿效佛教刻造石经形式，募刻道教《玉皇经》经板八块，藏于石经山第七洞，包括《高上玉皇本行集经髓》《太上洞玄灵宝高上玉皇本行集经》《玉皇本行集经纂》《无上玉皇心印经》，共计四方碑石，成为藏经洞中特殊的道教刻经。

（一）道教刻经缘起

《玉皇经》刻石的跋文《无上玉皇心印经终传经始流》云：

昔有高道到处源于石城县仙界，铺遇真仙传授此经，获免厄难，遂刊行焉，尝伏而诵之，辞约义博，盖撮本行集经之枢要，是以谓之经髓也。涿鹿山云居寺，

有洞室贮释梵之经，殆至万卷，故名是山为小西天焉。夫三界万灵，莫尊于昊天金阙玉皇上帝，玄功妙法，载在《本行集经》。正当刻金石，藏之名山，传之万世也。是以至心，各捐赀力，请匠镌刻《经髓》暨《经纂》及《心印经》，共为一卷，凡一千七百四十八字，置诸石室，用彰悠久。所以然者，盖欲仰答天地君亲四恩于万一云尔。时大明宣德三年岁次戊申四月吉日。奉道信官向福善、阮常、就胜等，稽首顿首百拜谨记。

同盟助赀，奉国将军都指挥同知武兴，奉直大夫工部虞衡员外郎陈孚，迪功郎工部营缮所所副陈道昌、怀远将军指挥同知段义、李实、郭敏、管义，明威将军指挥金事冀源、黄安，武略将军副千户罗成、万理、王友、张礼。

嗣全真教高士陈风便，正一盟威宝箓弟子王至玄字利宾书。信士鲁至中、冯本源、章文得、崔景平、李景云、厉正善、夏惠机、葛镛、庄文玉、戴道清、朱福惠，镌匠程善刊。⑰

隋代静琬大师刊刻石经锢藏石洞中，为其"永留石室，劫火不焚"⑱，后世代代续刻之。道士刻经藏于石经山，是为"藏之名山，传之万世也"。从其原因来看，倒是同于前者的。明朝统治者虽然对道教多有重视，但元朝多次焚毁道经之举，使道教受到了巨大打击。元至元《辨伪录》记载了元世祖时期的焚经史实，"就大都大悯忠寺，焚烧道藏伪经。除《道德经》外，尽行烧毁"⑲。因而陈风便、王至玄刊刻石经之举亦很有可能受到房山石经"造石经藏之，以备法灭"⑳藏经思想的影响。

《玉皇经》全称《高上玉皇本行集经》，为道士斋醮祈禳及道门功课的必诵经文。此经为玉皇崇拜的经典，不但道士常诵此经作为功课，其他有关玉皇的朝、忏、灯仪等也以此为依据，所以在道教和民间都有很大的影响㉑。道士选择此经刊刻应是因为此经重要地位和影响力。另石经

山崖壁上还有明《玉皇宝诰》碑刻石㉒，但碑上没有注明具体年代。

道教的几块刻石之所以选择藏入第七洞，大抵是由于其位置的原因：从各洞所处的位置来看，第七洞是进出最便利的一个洞，而且从现藏最古的隋刻《大涅槃经》、唐刻《大般若经》、辽刻《大集经》、金刻《大教王经》看来，恐怕它是静琬开凿以后历代都被打开来送进一些新刻的石经的㉓。

（二）道教刻经的参与者

刻经跋文提到此次刻经的书写者为全真教高士陈风便和正一盟威宝箓弟子王至玄，捐资者为将军、大夫等官员，还有奉道信官向福善、阮常、就胜。同佛教刻经一样，参与者以道士和在朝官员为主。在此就笔者目前所掌握的全真道士陈风便与奉道信官向福善的信息进行一些讨论。

1. 全真道士陈风便

关于全真道士陈风便，清康熙《房山县志》所载《隆阳宫痴呆子来鹤记》中记述略详：

房山隆阳宫有道之士，曰悟性通元清虚养素颐真守静法师陈风便先生，号痴呆子者，宣德四年三月庚申羽化。先期沐浴更衣，跌（趺）坐，命其徒崔璇琪等，曰："太上有云，夫物芸芸，各归其根，吾将返真矣。"又曰："吾没后敛藏，必候鹤至。"举事言讫，神色如平日，阖目而逝，时年八十有四。是夕异香绕宫，达旦不散。明日，整冠裳入榇。越五日甲子，乃窆元（玄）室于本山后原。及期，复有群鹤翔舞踊跹，久之乃散。后凡举荐扬，每有鸾鹤飞绕于墓，延蕶坛所。当时在会清流官民耄倪，目所亲睹，以为灵应。去之三十年，其徒孙陈道遄、胡道真相举究图，乃言曰："先师祖灵应之迹已遗一世矣，既久恐遂湮没无闻，后学何所证谕。"稽首于余，请书其事。……风便之学，全真也。初入武夷山修元（玄）范，谨结习，持志既定，云水四

方。至山东遇至人李古岩、徐守中授金丹秘诀，行持愈久，工夫纯熟，真灼见不为旁门所移。永乐十八年，至涿州房山县，挂剑隆阳宫，因栖真焉。凡居民水旱疾疫，有祷必应。宣德初，长春刘真人见之，与语善，乃锡今号，自是含和镇璞，育婴息胎，终日如醉人。称之曰痴呆子，但点首而已，亦因以自号，信口吐辞，不越乎道学者录之。因悟至理，年既及耄，童颜儿齿，步履若飞，常挂铁牌于胸，驱役雷霆，祈祷契勘，持以行事，其应如响，时人目之，曰："铁牌陈。"呜呼！道本无为，非迹可求鹤，道之迹者也。风便之道，混然与造化相同，不系于鹤之有无。其羽化也，顾乃谓道非道，可以拟状。于是形于有迹，欲与学者知所应证，因末求本，苟识其意。返本思之，曰："此特气之变化，则将思充其气、复其精、全其神，天地造化百物皆在，吾身岂有鹤而已哉。"风便，福建邵武人，父官于山东，母黄氏产之夜，梦白衣道人入室。及沐浴，置襁褓，头颅与梦相肖。幼而颖异，不儿戏、不茹荤，稍长辞其亲，入武夷山学道。武夷多仙宅，而卒闻道于山东，其来也有自，其闻道也有由，岂偶然哉。今嗣其派者弟子王常安、李常惠等端志全真，欲觉后觉，以畅斯教，请记兹事，以示来学。[24]

清康熙《涿州志》卷八《方外·痴呆子》记载：

姓陈氏，邵武人，学道武懿山，遇至人李古岩徐守中于山东，授金丹秘诀，行持日久不为旁门所惑。明永乐间至房邑隆阳宫挂剑栖真，凡居民水旱疾疫有祷必应。长春刘真人赐号曰风便，终日如醉人，称之曰痴呆子。[25]

根据文献，陈风便永乐十八年（1420）至涿州房山县隆阳宫。房山隆阳宫原为大道教宫观，是由元代大道教五祖郦希诚所建，后来大道教八祖岳德文又在此修行，势都儿大王因而特赐"隆阳宫"

之额[26]。元以后，大道教逐渐衰落与消失，直至永乐年间陈风便来此栖真，隆阳宫开始传续全真道。清康熙《涿州志》记载"隆阳宫，在县西南五十里，明陈风便先生号痴呆子修真之所"[27]。另民国《房山县志》记载"隆阳宫，在石窝镇"[28]；《畿辅通志》卷五十一记载"隆阳宫在房山县西南石窝店南，明时建"[29]。从其地理位置上看，隆阳宫与云居寺同在石窝镇，相去不远，因而其听说石经山刻经也是合理的。

值得注意的是，在刻经题跋中，陈风便的题名为"嗣全真教高士"。明代统治者确定了正一道在道教管理机构的领导地位，全真道处于附属地位。"高士"在道教为仅次于真人的封号，这在全真教沉寂无闻的明代初期，是非常难能可贵的[30]。《隆阳宫痴呆子来鹤记》记载"宣德初，长春刘真人见之，与语善，乃锡今号"。刘真人即刘渊然，为明代著名的净明派高道，仁宗时，赐号长春真人，给二品印诰，与正一真人等，宣德初，进大真人[31]。考虑到当时刘渊然已为道教领袖，那么，隆阳宫全真道的发展以及陈风便的身份提升应该与刘渊然的支持有很大关系。陈风便能够和正一道士王至玄一起发起刻经活动，跟其身份地位的提升也应是有关系的。

2. 奉道信官向福善

关于信官向福善，《上方山志》卷四《重修上方兜率寺天梯记铭》有载：

弘治六年正月二十九日，御用监太监王公瑞，奉上命往小西天诸寺给散布施。事克复命，路经天梯，道石磴崎岖，坡崖障峻，上下往来者甚艰苦，若非攀引，则不可进，否则有颠仆之虞。公纵适坂堤，俯仰游目，忻然有修葺意。距道二里许兜率寺在焉，公少憩于内，问诸老僧："此梯造就何年？"僧曰："此梯高拔天成也，寺必因梯而立名。其来远甚，肇建元末，屡遭兵燹，又况时代凋谢，寺道倾圮久矣。迨我圣朝文运亨嘉，永乐间，住山僧然义，偕内官监太监向公福善、倪公忠，重修梯道，以便往来，今八十年馀。岁月弥深，梯道弥毁，然旧址虽存而登临不快者居多。"公闻之，此志遂决，捐囊金，鸠材石，一时同济好义闻而劝善者比比。㉜

根据文献，向福善为明代内官监太监。明代太监中大多信奉宗教，与佛、道及民间宗教有着千丝万缕的联系。自永乐年间在道教圣地武当山重建宫观以后，历代在武当山均设有专门提督道教事务的太监；太监所建道教宫观，也为数不少。内官监太监主要掌管营造工程事项，根据《明史·职官志》："（内官监）掌木、石、瓦、土、搭材、东行、西行、油漆、婚礼、火药十作，及米盐库、营造库、皇坛库，凡国家营造宫室、陵墓，并铜锡妆奁、器用暨冰窨诸事。"㉝由此看来，内官监相当于外廷的工部，其外出采办的机会也就很多，更容易与外界发生一定的关系。向福善的主要外出区域应该就是房山一代，其所修葺的上方山兜率寺天梯与石经山也相去不远，应当也了解云居寺刻经之事。只是其作为"奉道信官"，既参与道经的刊刻，又参与佛寺的修缮，也许宗教对于他来说更像是积累功德的一种方式。从一个侧面，也反映出当时佛道两教既对立又趋于合一的关系。

四、余论

刻经事业的兴起需要发愿者，也需要资金来源，也就是捐资刻经者。明代云居寺佛教刻经与道教刻经均起于佛、道出家人，即僧人和道士，而捐资者则多为信奉宗教的世俗官员与民众。这些参与者身份、地位各异，他们捐刻佛经的目的和理念也各不相同，体现了当时宗教与社会历史的复杂关系。

明代刻经虽没有帝王直接参与，但朝廷对宗教的态度、对云居寺的重视、对刻经的兴起是有影响的。自南等僧人萌生续刻房山石经的想法，应当与云居寺在万历年间的重兴不无关系。元明时期随着房山云居寺的几度凋敝，刻经僧团也随着石经刊刻事业的放缓而逐渐松散，因而与前代相比，明代佛经续刻的施经者构成较为特殊，居士群体成为了主要力量。当时的居士已经不单单指旧时出家人对在家信徒的泛称，更代表了文人雅士的一种称谓。如参与刊刻石经的董其昌乃当时著名书画家，别号香光居士；葛一龙，别号聪园居士。在明代，居士已经开始逐渐成为佛教信仰群体中不可忽视的力量，因而自南劝募刻经的对象也多指向了这一群体。

明代全真道士陈风便与正一道士王至玄摹刻道教经本藏入石经山，为房山石经增添了道教元素。历来统治者对佛道两家态度有所不同，佛道两家关系也时而微妙，道教刻经的混入反映出的是明代"三教归一"的理论趋势。其实早在唐代，云居寺镌刻佛经就有道教徒参与：云居寺石经山《山顶石浮图后记》记载"大唐开元十八年（730），金仙长公主为奏圣上赐大唐新旧译经四千余卷充幽州府范阳县为石经本"㉞，金仙长公主即为女道士；唐长安四年（704）所刻《观世音经》，题记后有"燕州白鹤观南岳子焦履虚"题名㉟；《大般若经》卷四百二十一刻经发起人中有"道士紫雾"题名㊱，卷四百三十三刻经发起人中有"道士张乘鹤"题名㊲。这些道教徒参与刻造佛教经典的事实，也是很值得深入研究的。

①［明］姚广孝：《石经山》，参见［明］蒋一葵《长安客话》卷5，民国时期钞本。此诗在［明］刘侗、于奕正《帝京景物略》卷8中亦有载，但后者文字略有不同，诗名为《观石经洞》。

②⑪⑫［明］刘侗、于奕正：《帝京景物略》卷8，明崇祯刻本，中国书店出版社，2014年影印版。

③［明］释幻轮：《释氏稽古略续集》卷3，明崇祯刻本。

④王火红、朱莉韵：《〈嘉兴藏〉的刊刻、出版与当代价值研究——兼谈〈嘉兴藏〉与嘉兴的渊源》，《嘉兴学院学报》2015年第6期。

⑤[明]释德清：《复涿州石经山琬公塔院记》，此碑现立于云居寺琬公塔旁，参见房山云居寺文物管理处《云居寺贞石录》，北京燕山出版社，2008年，第95-97页。

⑥北京图书馆金石组、中国佛教图书文物馆石经组：《房山石经题记汇编》，书目文献出版社，1987年。

⑦[美]龙达瑞：《房山石刻明代刻经捐资者研究》，载房山石经博物馆、房山石经与云居寺文化研究中心《石经研究（第一辑）》，北京燕山出版社，2016年，第200-236页。

⑧[明]沈德符：《万历野获编》卷24，中华书局，2012年，第610页。

⑨⑩[明]释德清撰、福徵述疏：《憨山老人年谱自叙实录》卷下，清顺治刻本。

⑬[明]刘侗、于奕正著，孙小力校注：《帝京景物略》，上海古籍出版社，2001年，第226页。

⑭[明]刘侗、于奕正著，崔瞿校注：《帝京景物略》，上海远东出版社，1996年，第233页。

⑮[明]朱祖文：《北行日谱》，中华书局，1981年，第13页。

⑯本文参考的《乾隆京城全图》，为1940年"兴亚院华北联络部政务局调查所"编辑、新民印书馆印刷缩印出版。

⑰中国佛教协会、中国佛教图书文物馆：《房山石经》第29册，华夏出版社，2000年，第386、387页。

⑱房山云居寺文物管理处：《云居寺贞石录》，北京燕山出版社，2008年，第8页。

⑲[元]释祥迈：《辨伪录》卷5，[清]宗仰上人：《频伽大藏经续编》，九洲图书出版社，1998年，第345页。

⑳[唐]唐临撰、方诗铭辑校：《冥报记》，中华书局，1992年，第10页。

㉑刘烨：《论道——道教入门600讲》，中国妇女出版社，2011年，第105-106页。

㉒北京图书馆金石组：《北京图书馆藏中国历代石刻拓本汇编》第52册，中州古籍出版社，1989年，第138页。

㉓林元白：《房山石经初分过目记》，《现代佛学》1957年第9期。

㉔[清]佟有年修、齐推纂：《房山县志》卷7，清康熙刻本。

㉕㉗[清]刘德弘修、杨如樟纂：《涿州志》卷8，清康熙刻本。

㉖陈垣：《道家金石略》，文物出版社，1988年，第823页。

㉘[清]佟有年修、齐推纂：《房山县志》卷3，清康熙刻本。

㉙[清]李鸿章等修、清黄彭年等纂：《畿辅通志》卷51，上海商务印书馆，1934年影印本。

㉚张方：《房山隆阳宫与明代北方全真道》，《世界宗教研究》2013年第4期。

㉛《明史》卷二百九十九，中华书局，1974年，第7656页。

㉜释自如：《上方山志》卷4，民国四年（1915）影印本。

㉝《明史》卷七十四，第1819页。

㉞北京石刻艺术博物馆：《新日下访碑录·房山卷》，北京燕山出版社，2013年，第25页。

㉟北京图书馆金石组、中国佛教图书文物馆石经组：《房山石经题记汇编》，第204-205页。

㊱北京图书馆金石组、中国佛教图书文物馆石经组：《房山石经题记汇编》，第151-152页。

㊲北京图书馆金石组、中国佛教图书文物馆石经组：《房山石经题记汇编》，第155页。

（作者单位：房山云居寺文物管理处）

妙云寺详考：传说与图思德家庙

夏成钢

玉泉山西的妙云寺，是静明园至静宜园之间景观带上的一个重要节点，是维持三山五园整体性的一个组成部分。然而其历史沿革一直含混不清。本文根据勘察与文献记载作一梳理和阐释。

一、现状、文献与传说

妙云寺位于玉泉山西、玉泉山路（古御道）南侧（图一），坐南朝北，普安店村地界，2001年11月被列为海淀区文物保护单位[①]。关于它的来历，在《日下旧闻考》中仅仅提及此庙的名称：

静明园西宫门外迤北有妙喜寺、香露寺、普通寺、妙云寺，四王府北有广润庙。

（臣等谨案）……妙喜寺西为香露寺，又西为普通寺，普通寺南为妙云寺，又西为广润庙，祀龙神，皆乾隆年间敕建。

清末《光绪顺天府志》对此原文照抄，并无更多介绍。这个记载中的其他4

图一 妙云寺临路外景

图二 妙云寺内古白皮松

庙都是依托昆明湖引水石渠而建，分别由静宜园、静明园管理。上述引文表述形式，很容易让后人误以为妙云寺与其他几庙是同样性质、同样功能，属于输水设施的一部分。

2014年笔者带队进行妙云寺环境设计，现场踏勘可以确认，庙北240米才是当年引水石渠的走向位置，妙云寺与其没有必然的功能联系，也就与沿渠4庙的性质不同。庙额现写作"石居"，庙前路旁有古槐5株，庙内为二进院落，无字石碑2座，以及数株古白皮松、古柏与古槐（图二）。踏勘还发现，庙东墙外民房群中有一土岗，上有古柏与杂树，直觉与寺本体

图三 妙云寺东坟茔显露轮廓

有某种关联。待到群房拆除后，土岗露出坟茔轮廓（图三）。

妙云寺到底是什么来历？与土岗有无关系？现存清代志书都未留丝毫信息，倒是现代记述颇多。大致有4个版本：一说是山东巡抚泰贵家庙[2]；一说为刘墉寄寓之所[3]；还有说是贪官曹国舅、曹国泰的家庙[4]；最后一个说法是和珅之弟家庙，被记录在胡适日记中[5]。然而追踪详查，都属传说，没有任何真凭实据，不能回答上述疑问。

二、图思德与祖茔家庙

经过多方查寻，数份清宫档案给出了最终答案。其中一份为手书原迹，是由贵州巡抚图思德上奏给乾隆皇帝的奏折，时间是乾隆四十三年（1778）闰六月初八。内容是感谢皇帝准许他整修自家祖茔西侧的庙宇，尤其感谢御赐"妙云寺"庙名匾额。奏折摘录如下：

图思德谢赐妙云寺匾恩。奏。闰六月初八日。

奴才觉罗图思德跪奏为恭谢天恩事，窃奴才前蒙圣慈，念及奴才祖茔西侧庙宇有关风水，恩准修理。当经奏留奴才之子候补员外郎恒庆在京料理。

又具折恭恩皇上勅赐寺名，蒙恩俞允。兹据奴才之子恒庆家信，内开于五月十五日钦颁"妙云寺"匾额。嘉名肇锡，梵宇生辉。瞻仰奎章，永垂奕祀。

又奴才接阅邸抄，钦奉谕旨，令奴才之子恒庆事竣之后，仍准其随任。跪读之下感激难名。又奴才兄弟图思义蒙皇上天恩，补授公中佐领。……谨奏。乾隆四十三年闰六月初八日奏。朱批，览。钦此。

图思德的这份手书奏折，还有一件备份，收录在《宫中档乾隆朝奏折》[6]之中（图四），这就准确无误地说明了妙云寺的来历，即图思德的家庙，东侧有祖茔。

那么这个图思德是何许人？为什么享此殊荣？

图思德，全名觉罗·图思德，满洲镶蓝旗人，承祖荫从光禄寺笔帖式做起，历安徽布政使、贵州巡抚、云贵总督，直

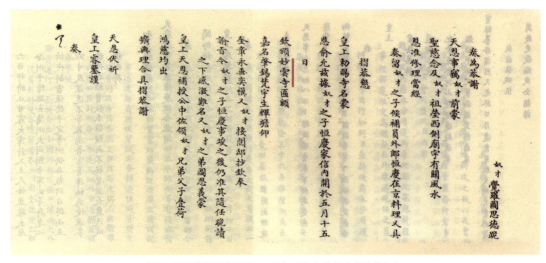

图四　图思德谢赐庙名折　（摘自《宫中档乾隆朝奏折》）

图五 香山昭庙仿扎什伦布寺而建

误判。之所以恩准修庙并赐名，是因为他家坟寺紧邻御道。

这一时期，即乾隆二十四年（1759），图思德祖茔北侧的引水石渠及沿渠四庙已经建成，北旱河拓挖也已竣工，环境日新月异。尤为重要的是，乾隆即将迎来他的七十大寿，拟请西藏六世班禅进京。为表达欢迎之意，乾隆在香山筹建昭庙（图五），这是仿班禅的扎什伦布寺而建⑦。玉泉山至香山昭庙的御道也在整修之列，图思德家庙正处在线路中点，既可装饰美化御道，又可作小憩之所，这些都要求家庙环境有所改观。

乾隆四十二年（1777）夏，在图思德回京进宫述职时，乾隆表达了上述要求。于是图思德便留儿子恒庆在京督工，胞弟图思义则赴台湾就职，这是他奏折中提到的两位家人。

有了皇帝旨意，图思德全力以赴，不仅家庙突破规制，如建筑歇山大脊、墙涂朱色等，而且附设了精致园林。乾隆四十三年三月初寺庙竣工，作为家庙常以姓氏为名，而此次修建以美化御道为目的，惯例不宜，于是图思德在同月十六日向皇帝提出赐名的请求（图六）。之后，乾隆皇帝遂于"五月十五日钦颁妙云寺匾

至湖广总督。他在获赐庙名"妙云寺"之际，正在贵州巡抚任上。之前他曾在金川之战中及时派出3000黔兵携20万支箭赶往四川，获得嘉奖。在任期间他还查出彰宝贪污案，以及为保证滇黔铜铅供应而制定诸多制度。

图思德工作虽勤恳稳重，但也无甚惊人亮点，特别是在对缅甸的交涉中还屡有

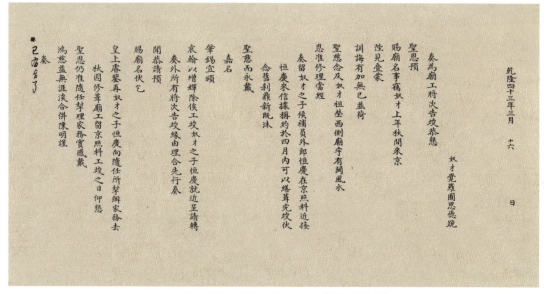

图六 图思德请庙名奏折（摘自《宫中档乾隆朝奏折》）

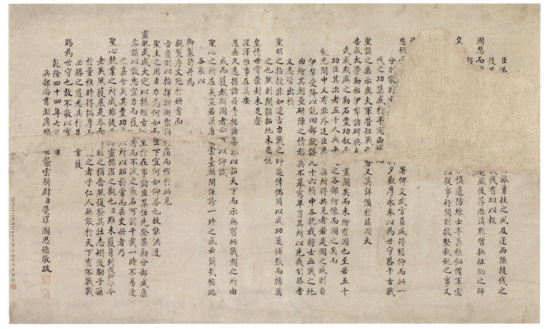

图七 图思德墨迹《御制战图跋记》

额"，前述奏折就是对赐名的感谢。

在荣获妙云寺名的第二年初，也就是乾隆四十四年（1779），图思德调任湖广总督，当年年底在武昌去世。皇帝谕旨"湖广总督图思德，简任封疆，宣力有年，实心任事。正资倚任，忽闻溘逝，深为轸惜"[⑧]，赐祭葬，归土于妙云寺旁。图思德墓碑评语是"敬慎提躬，朴诚矢志"，名列《清史稿·列传一百十九》。

乾隆四十五年（1780）二月，朝廷颁与谥号为"恭悫"。悫，意为：诚实，谨慎，厚道。图思德的谨慎、厚道不仅体现在公务上，还体现在家风上。他的祖母周氏"以礼以法，能俭能勤"、妻子岱佳氏"娴励妇节"，被朝廷分别诰赠"一品夫人"及"夫人"。图思德逝后，其夫人于次年初扶灵回京，不久也因悲伤过度去世，葬于丈夫身旁。族亲国梁写《图恭悫公夫人挽诗》[⑨]云：

油幢崔嫂返江乡，魂断年余称未亡。
苦忆常时调巽瑟，只今何处觅坤裳。
离鸾竟返三珠树，别鹤悬惊六月霜。
亲串不堪瞻马鬣，白杨风起妙云凉。

诗末的"妙云凉"即指妙云寺，诗人特别加注："妙云寺在恭悫公墓侧。"

图思德有不多的书法遗墨留世，他在乾隆所赐《御制战图》上书写的跋记，字体工稳端庄（图七），可谓字如其人。他的言传身教以及家风，对子女产生了深远影响，并由孙子一辈把家族声望推向顶峰。

现在妙云寺前的古槐就是当年御道沿线官槐的残存（图八），而庙东侧隆起的地形与土丘则为美化御道、遮挡图思德祖茔的土山，以及祖茔的部分残存，其他坟茔则在民国后被盗、逐渐铲平。

三、恒庆督工妙云寺

图思德奏折中提到的儿子恒庆，字余堂，一字梅村。28岁时授员外郎，随父协助公务，因妙云寺整修事关重大，所以被留京负责庙工。

妙云寺位置，西有万安山左环，东有玉泉山右护，北（前）为寿安山、金山交错如屏，寺门向北，恰得三山环抱之势。而近处有荷叶山、北旱河与昆明湖引水石渠的两溜土山，高林叠翠。隔御道有普通

图八 御道古槐与北部柳林

寺相望，景色极佳。

细说起来，妙云寺东侧祖茔才是场地主体，庙宇只是配套设施，为祭祀以及管理之用。不过这次家庙整修更有美化环境的目的。

恒庆善诗文、喜绘画，对造园更有心得，在他侍从父亲任职云南时，"滇南制府署西偏，池亭楼阁颇幽修宜人"[10]，他品评山水，题为八景。同样，恒庆对北京西山普安店周边风景也极为熟悉，曾作组诗《西山纪游》，这些山水之情都被恒庆融入庙工之中。

妙云寺布局分为两部分：前寺后园。前寺院落建有天王殿、钟鼓楼，这是一般家庙所不具备的。庙里大钟更是由图思德亲自督造，刻名钟内。后院及侧院是精致的小园林，以山石为特色，石高五六丈。国梁在诗中介绍说："殿后怪石突兀，方五六丈，乃斫石所余者。寺之创建因此石起。"[11]即使到了民国，这一景观尚存，文化名人周肇祥来访后也说，庙"有林木之胜，寺后巨石兀立，高过屋，平地罕觏"[12]。景石大过屋檐，可见极具视觉冲击力。

乾隆题名"妙云"应是一名二义。一是指佛经中的妙云、妙香之喻，以示佛法的奇妙，另外是指奇石之美。古人认为云因石而生，所以常称美石为"云根"，或以"云"代称。山石的东西北三面有池水环绕。参天古木也为庙宇增加了空灵氛围，是为典型的"寺庙园林"（图九）。

整修新饰用了近八个月的时间。在父母去世后，家庙又成为恒庆三年守孝之所，国梁《午出西郊》[13]诗云：

雨送新寒峭，晴招薄暖回。素心临水净，青眼到山开。

野店行厨便，芦林晚吹哀。栾栾辣人在，未暇礼香台。

诗后注明："时恒梅村方庐墓"、香

图九 妙云寺推测复原图

台"谓妙云寺"。国梁还有诗记述说，乾隆皇帝在去往香山静宜园的途中时常光顾妙云寺，派人敬香：

> 密迩佳城佛火燃，金舆望幸此年年。
> 劚云石剩苍严骨，漉雨池留功德泉。
>
> 众木合阴森幂屌，远山飞翠集幽偏。
> 不须别觅烟霞窟，小坐经时便俗仙。

诗人自注：寺为制军⑭奉敕建。驾幸静宜园时尝临幸，之后每岁銮舆经过，辄遣使升香。

不过，在乾隆《御制诗集》中却没有游寺之作，想来妙云寺园林的规模、品相无法与相邻的两大皇家御园相比，进去歇脚喝口水倒是可能。乾隆在这段御道写下数首同题诗篇《玉泉山西》，只有一篇略点一笔⑮：

> 小驻静明更向西，途旁农务绿芃齐。
> 不教随骑轻为躏，益切因心敬以跻。
>
> 古寺无风林静树，野村有露菜铺畦。
> 沿观颇觉情怀适，佳景香山许历题。

诗中"古寺"可能即为妙云寺。它为御道与周边田园增加了景物，并与引水石渠四庙一同强化了静明园与静宜园的景观联系。当年普安店一带或许还有沼泽水面，因为来访此地的国梁将地名写作"普恩淀"，诗题有《宿普恩淀不寐》《普恩淀晤恒梅村，因忆客秋同游灵光寺时母夫人尚在，不禁怆然》。这个"普恩淀"是误写，还是实有其景？

现代地质勘测表明，普安店地区有少量奥陶系灰岩出露⑯，这一含水地质结构与玉泉山相同，为泉水的存在提供了科学依据。妙云寺园林的水源也应是同样来由，当地人曾称池水为灰坑。庙址西南的荣庆墓，民国初年曾进行过迁移，挖开墓穴发现地下水过高，应是同样缘由。可以推想当年周边景色因有水而比后世更美。

总之，整修后的妙云寺一变成为御道边的亮点，弱化了原有野村孤坟的悲凉氛围。寺内水石小景与庙外田园大美也给恒庆带来终身藉慰，成为离乡的牵挂。嘉庆元年（1796）恒庆出任湖北督粮道，开始了平剿白莲教叛乱的生涯，在戎马间隙时常回忆妙云寺的景色，如《途中见红叶》⑰诗云：

> 高低掩映夕阳斜，谁染枫林醉晚霞。
> 一片秋光真似画，十分春色却非花。
>
> 空教瘦马餐风客，错认前村卖酒家。
> 回忆故园霜信好，玉泉西望乱红遮。

"故园霜信"应该指的就是妙云寺，遥望万安山一带红林尽染。他还曾写诗《重阳感怀》云⑱：

> 家山小别再经秋，两度重阳悔浪游。
> 佳节惊心愁对菊，他乡卧病怯登楼。
>
> 笙歌几处开清宴，莲梗终年类野鸥。
> 自笑奔驰何日息，薄田二顷足悠悠。

"薄田二顷足悠悠"成为他最大的祈盼，然而他来不及回到这块"薄田"，就在嘉庆七年（1802）于湖北武昌染上重病，在回京途中身故，其灵柩也葬于妙云寺旁。

四、玉泉山西大柳林

妙云寺在图思德的第三代是什么情形？没有直接记载，不过这代人却为妙云寺与坟茔赢得一个新名称"大柳林"，使这块土地有了新故事。

恒庆有嫡子桂芳、桂菖，庶出有桂葆、桂荃。这些后生都接受了良好的教育，其中以长子桂芳成就最大，大柳林地名便是因他而来。

觉罗·桂芳（1773—1814），字子佩，号根仙，又号香东。少年即随父在湖北军中历练，奠定了后来发展的基础。其后桂芳回京参加科举，为嘉庆四年（1799）进士，选为庶吉士、授检讨。父亲虽远在千里之外，仍不忘教诲子女。京城发大水，桂芳去信告知，家屋"大半倾颓，不堪栖止"，恒庆回信诗⑲云：

> 江上清歌喧杂沓，梦中无眼醉酕陶。
> 贫寒原是儒臣事，莫羡连云甲第高。

诗末一句成为广为流传的名言。受父亲影响，桂芳也写下众多悯农诗作，其中

《枣阳妇》一诗悲情四溢，成为清中期反映社会现实的名作之一。

正是这些社会底层的历练，使桂芳思想更为深刻，受到嘉庆皇帝青睐，赞为"奇才"，他很快以年轻资历破格掌管翰林院，入直南书房与尚书房，成为皇三子绵恺的老师。而最能服众的，是他在林清之乱中的表现，嘉庆十八年（1813）九月，林清率领的天理教众信徒突然攻入紫禁城，桂芳恰在宫中值班。他沉着应变，与皇二子偕诸王大臣率兵反击、挫败事变，叙劳加二级。

此后桂芳被屡屡提拔，很快升为军机大臣，赐紫禁城骑马。嘉庆十九年（1814），他被钦点前往广西查案，途经湖北武昌染病，嘉庆皇帝赶紧降旨"令其安心调理，方冀不日就痊"，不承想几天后桂芳病逝，时年42岁。嘉庆深为惋惜，评价"其心地端正，遇事直言"，并赋诗云：

应运生名哲，仕朝仅十年。才华学有本，直爽性无偏。枢府新参政，书斋旧侍筵。

何因遭痼疾，难得是英贤。醉酒酬师谊，挽诗述己悄。楚疆陨三世，定数总萦牵。

嘉庆帝还命皇三子代为祭奠，葬于妙云寺旁，周围遍植柳树。嘉庆悼文由军机大臣英和抄录刻石，又于嘉庆二十一年（1816）七月立碑，评价桂芳"立心直爽，处事精明"[20]。谥号文敏，追赠太子少保加尚书衔，以后常称为桂文敏。《清史稿·列传一百四十》列名其中，图思德家族声望在觉罗·桂芳时达到顶点。

桂芳生前曾任总管内务府大臣，管理奉宸苑事务、新旧营房事务、畅春园以及圆明园事务，这些都与三山五园、普安店紧密相关。出外任职期间，内心深处与父亲恒庆一样，向往着解甲归田的乡村生活，这在诸多诗篇中都有流露，例如《襄阳军次省觐》[21]：

何日乡园才聚处，不堪戎马已经年。

商量归计非难事，只欠躬耕二顷田。

乡园是魂绕梦牵的归宿。父子俩不约而同地提到家乡"二顷田"，很可能就是妙云寺所附的香火田。遗憾的是二人都没有实现自己的愿望。

当年桂芳墓茔周边应该有飨厨、石碑等规制器物，向西与祖父图思德墓、妙云寺相连，是一派柳浪掩茔碣的景象[22]，曾被视为京西名胜古迹，列入民国时期诸多旅游书中，《北平指南·名胜古迹》[23]中记述有：

桂文敏公芳墓，在玉泉山西普安店，垂柳环之，俗呼为大柳林。

类似内容还记述在《北京便览》（1923）[24]、《北京旅游指南》（1941）中。大片的柳林非常壮观，在玉泉山上可以一目了然，因此还产生了以它为背景的民间故事"佛大殿小的传说"[25]，而图思德之名则渐渐被人遗忘。清末民初，依大柳林而居的农户渐多，形成了村落"大柳林村"，20世纪末被并入普安店村。

五、官庙之判——是错案还是阴谋

有了俗称"大柳林"，显然墓地与妙云寺的来历"众所周知"。然而，这一清晰线索到民国初年变成一本糊涂账。

桂芳有二子一孙，觉罗·炳奎、觉罗·炳文，以及觉罗·增起。桂芳逝后，弟弟桂菖整理刊印了桂芳诗集《敬仪堂诗存》以及父亲恒庆的《怀荆堂诗稿》《从军诗抄》，把家族文脉留存下来。道光二十年（1840）八月，桂菖因公务忧急，在浙江任上自缢身亡[26]。留有一子炳成，字集之，五十岁后号半聋，人称"满洲老名士"。炳成喜金石书画，善评论。图思德遗墨上就留有他的字迹："道光二十三年（1843）四月十二日，曾孙炳成沐手观览。"（图一〇）其子其妻的早亡使他郁郁寡欢，筑楼于陶然亭野凫潭畔的龙树院，以读书过世[27]。

图一〇 炳成题识

桂葆、桂荃都先后任知县之类小官，桂荃曾因挪用公款而被罢官。总之，桂芳之后整个家族渐趋没落，不过妙云寺与茔地性质没有变。可谁知民国初年的一场官司彻底改变了过往一切。

民国二年（1913），由京师地方审判厅判定，以欺诈取财罪，将图思德家族后人文彬、明恩拘禁。判决书摘要如下[28]：

原告僧人岫山、月林等述：文彬及同族明恩在普安店有祖遗墓地一项四十二亩，靠近敕建妙云寺，因前代僧人向文彬祖上募捐修建了该寺，所以每次他家扫墓时都在庙中休息，与寺僧岫山及其徒月林相识。至本年一月间，文彬等见该寺租种慈因寺地一项八十亩，图谋冒认。于是趁岫山外出之时，向徒弟月林诈称此寺是他们的家庙，寺中所有田产是乾隆年间拨给他祖上，作为庙宇岁修、僧人及衣食之用。月林不知详情，随即让出。文彬与叔父明恩便占据该寺。待岫山回来知道后，便以霸占庙产上告。

岫山提供有乾隆五十五年、慈因寺拨给妙云寺一项八十亩的租地合同，以"证明寺产来历"。

被告文彬等坚不承认岫山所说的寺产来历，并举寺钟刻有"图思德虔造"五字、庙产内有数座坟茔，并提供一项四十二亩的地契、祖传红契、各地亩数清单作为祖产家庙的证明。庙中还供有御旨牌及乾隆御书匾对。

随后检察厅现场取证，丈量地亩数多于文彬清单所列，且所呈地契四至不明，即令地契属实，也提供不出庙契，不能证明庙与契中之地为一体。检察厅认为被告"供词狡猾，坚不吐实"。并有三个理由认定庙为官庙、地为庙产：

1.妙云寺为香山御路五庙之一，载于《光绪顺天府志》，注明该寺与普通寺、香露寺系乾隆间敕建寺庙，且有天王殿、钟鼓楼，均合官庙体制，不合家庙。

2.岫山提供的妙云寺庙产一项八十亩租种合同，在骑缝处写有"各持一张"四字，为两寺僧所保存，经查验纸色、笔迹、骑缝字一致，所列亩数也与丈量一致，是为该庙产铁证。

3.有村民王泰、朱玉等证明妙云寺是乾隆年敕建的香山御路五庙之一，也是他们合村公议之所，是为官庙的又一证明。

检察厅又举其他三个理由，证明庙非家庙、地非私产。除上述外，还有种种理由足以认定文彬、明恩有欺诈取财行为，证据属实。按民国《暂行新刑律》，各处三等至五等有期徒刑。惟查该犯先代曾于该寺有所施舍属实，以致该犯等认为己有，与无端诈取似有区别，故减刑各处拘役五天。

至此，妙云寺不再属于图思德家族。妙云寺的来历出现了第5个版本，即岫山前代和尚募捐而来，图思德家族只是施舍捐款者。

然而，细读判词就可看出这是一个令人发蒙、破绽百出的判案。最大的疑点在于原告与被告之争，无论各自所述真假，都是私庙所有权之争。即使文彬"霸占"，也是"霸占"了和尚岫山的私庙。然而终审却围绕着官庙与私庙辩论定案，这与案件起因毫无关联。

其次，在双方所有权依据辩述中，被告文彬叙述了庙产来历，提供了相关契文。而原告岫山和尚却没有叙述传承关系，这是所有权的重要证据，通常会刻在庙碑上。然而，庙里两通石碑文字全部被磨掉（图一一）。即便如此，这些传承信息作为寺庙"所有者"的岫山也应抢着口述，法官也应首先询问、索要才能展开下一步的判定。可是法庭却没有这一步的程序与笔录。

第三，在被告文彬已提供的3份契约基础上，检察厅进一步索要庙契，却不向原告岫山索要同类证明，而只凭其提供的、也是唯一的租地合同来判案。其公正性很值得怀疑。

至于所谓御道五庙是敕建寺庙，显然对庙产背景缺乏调查了解。前面已述，其他4庙不在御道，而是在百米外的引水石渠沿线，并且完全享受国家待遇，从聘用僧人、香火费到岁修费用都有相应的财政支持，定期列入清宫档案，如《妙喜寺陈设档》《广润庙普通寺香露寺等处佛像供器清册》等，白纸黑字列得很清楚，但是妙云寺不在其上，所以说妙云寺不是皇家寺院、不属"官庙"。

妙云寺属于"广义"敕建，也就是朝廷仅仅赐予个名号，其所有权仍归私家。也正因如此，才由图思德之子恒庆来督

图一一　妙云寺前院2座无字碑

建，若是"官庙"则由清宫内务府指派样式房督建。因此其性质仍为家庙。

争讼之中，被告文彬等人没有提供充足的辩论及论据也是一大缺陷。毕竟其祖上觉罗·桂芳曾任总管内务府大臣，对这些资料本应比别人更清楚、更有权威性。

不过，即使文彬等人提供了充足论据，也未必能保住这份祖产，看看时代背景就能顿解疑惑。其时正值1912年的辛亥革命，旧体制与思想体系土崩瓦解。在宗教领域，全国各地开始出现抢夺庙产的群体性事件，至1913年趋于高潮㉙。

当时袁世凯政府连续出台一系列法规条例，最初将旧王朝寺庙分为官产、公产和私产三项㉚，一旦确定为官产和公产，即可由地方政府随意征用，如长河万寿寺便拍卖给五台山佛教会作为疗养院。这也就是检察院为什么要绕过起因、硬判妙云寺为官庙的谜底。这场官司其实早有了腹稿，目的只有一个：抢夺前朝贵族遗产，判案不过是个体面台阶而已。

尽管袁世凯政府于1913年6月又出台修改条例，废除将民间庙产分为三类的做法，加强保护宗教庙产，规定"寺院住持及其他关系人不得将寺院财产变卖、抵押或赠与人"，"不论何人不得抢夺寺院财产"㉛，但随后又明确法律不溯既往的原则，也就是说在此期限前被分掉、抢走的庙产不再追究法律责任。

在这样背景下，文彬等人只能眼睁睁看着祖产丢失。需要补充的是，文彬是图思德胞弟图思义的直系后代，其父觉罗·明照及妻子也葬在妙云寺旁。

妙云寺的沿革从此变得扑朔迷离，本文开篇的4个版本的传说开始出现，一如庙中无字碑，来历似有却无。

六、结语

本文根据勘察与文献阐明，妙云寺是图思德、桂芳家族祖茔寺庙，它的粉饰修建与静宜园昭庙同期，其脉络失传又与

朝代更迭相关联。这一结论对还原历史真实、"讲好三山五园故事"是一个补阙。

三山五园地区是第一批国家文物保护利用示范区，2021年初颁布的《三山五园地区整体保护规划（草案）》也强调要"讲好三山五园故事"。"讲好"的标准应该是历史的真实性，寻找真实的历史记忆，不仅是文化学者的职责，也是规划设计人员应有的意识，以避免"假古董"的出现。

① 《北京海淀年鉴》编委会编：《北京海淀年鉴（2005）》，中央文献出版社，2006年。

② 北京市文物事业管理局编：《北京名胜古迹辞典》，北京燕山出版社，1989年。

③ 户力平著：《光阴里的老北京》，新华出版社，2017年，第228页。

④ 张章年、阎宽搜集整理：《妙云寺的传说》，张宝章、彭哲愚编：《香山的传说》，河北少年儿童出版社，1965年，第124页。

⑤ 胡适著、曹伯言整理：《胡适日记全集·第4册》，中国台湾联经出版社，2004年，第236页。

⑥ 中国台北故宫博物院：《宫中档乾隆朝奏折》，中国台北故宫博物院印行，1982年。

⑦ 史界常以乾隆四十三年十二月，班禅提出进京祝寿请求为乾隆七十大寿朝觐活动的起始点，而实际筹划应该更早，因为乾隆四十二年七月，静宜园昭庙烫样已经出来，名称确定为"宗镜大昭之庙"。同月图思德被召见。中国第一历史档案馆、香港中文大学文物馆编：《清宫内务府造办处档案总汇》，人民出版社，2005年；《清实录·高宗实录》，中华书局，1986年。

⑧ 《清实录·高宗实录》，乾隆四十四年十二月上，中华书局，1986年。

⑨⑪⑬ [清]国梁《澄悦堂诗集》卷十二，《清代诗文集汇编》编纂委员会编：《清代诗文集汇编》第342册，上海古籍出版社，2010年。

⑩ [清]国梁《澄悦堂诗集》卷十一，《清代诗文集汇编》编纂委员会编：《清代诗文集汇编》第342册，上海古籍出版社，2010年。

⑫ 退翁《鹿岩小记》，1943年。

⑭ 制军，明清时期对总督的别称。

⑮ [清]清高宗：《玉泉山西再叠己酉韵》，《御制诗集》五集卷六十五。

⑯ 王莉蛟等：《北京市玉泉山泉恢复条件研究》，《水文地质工程地质》2016年第3期。

⑰⑱⑲ [清]铁保：《熙朝雅颂集》，辽宁大学出版社，1992年，第1620页。

⑳ [清]盛昱集《雪屐寻碑录》，金毓黼主编：《辽海丛书》，辽沈书社，1985年，第1934页。

㉑ 《清代诗文集汇编》编纂委员会编：《清代诗文集汇编》第508册，上海古籍出版社，2010年，第334页。

㉒ 据岳升阳：《三山五园周边地区历史遗迹》，北京大学西门的石狮子，可能来自大柳林村，见2021年《颐和讲堂》第2讲。如果属实，应是桂芳墓地遗物无疑，由此可推测当年规模。

㉓ 北平民社编：《北平指南·名胜古迹》，1921年。

㉔ 张研、孙燕京主编：《民国史料丛刊·史地》，大象出版社，2009年。

㉕ 鲍致口述、焦雄搜集整理：《佛大殿小的传说》，张宝章、彭哲愚编：《香山的传说》，河北少年儿童出版社，1965年，第131-133页。

㉖ 《清实录·宣宗实录》，道光二十年庚子八月，中华书局，1986年。

㉗ 天台野叟：《大清见闻录》，中州古籍出版社，2000年。

㉘ 熊元翰等编：《京师地方审判厅法曹会判牍汇编》（下），商务印书馆，1914年。

㉙ 《中华佛教总会致国务院呈》，中国第二历史档案馆编：《中华民国史档案资料汇编》，江苏古籍出版社，1991年。

㉚ 《内务部通咨各省都督民政长调查祠庙及天主耶稣教堂各表式请查照饬遵文》，《政府公报》，1912年10月19日。

㉛ 寺院管理暂行规则》，《政府公报》，1913年6月20日。

（作者单位：北京山水心源景观设计院）

杏花、田园与耕织文化

——圆明园"杏花春馆"意境初探

陈 红

在中国，农耕文明关系着国泰民安，历来被统治阶层所重视。重农、观稼、耕织也是帝王政治统治的重要内容。清代历朝帝王都重视农桑，在圆明园内建有多处与农事相关的景观。这些景观各具特色，或设置农田菜畦，自身成景，以便清帝在园中向农人请教农事；或"借景"周边田圃景致知农验农，本身并不追求乡野村居情调；或以农桑意象命名，营造耕织文化实景。这些田园景观景致丰富、技艺娴熟，既体现造园意境，又具备农业试验功能，并对皇子农业教育提供了天然素材。圆明园的田园景观集中在九州清晏景区以北的地方，主要有杏花春馆、武陵春色、濂泊宁静、映水兰香、水木明瑟、多稼如云、北远山村等。田园景观在圆明园四十景中占据了重要位置，隐含了清代帝王的治世思想和美学诉求，以及对隐逸文化的一种态度。在众多造景丰富的田园景观当中，杏花春馆别具一格，其建筑形式、花木配置和田园风光不仅成为一种特殊的宫苑美学，还表达了清帝以农桑为本的治国理念，以及对田园雅趣生活的向往。

关于圆明园四十景中农事思想的研究已有很多，其中郭黛姮《园居岂为事游观 早晚农功倚槛看——观稼验农》[①]通过乾隆御制诗来再现当时的园林景观，山形水系及园林建筑的特点，表达清帝观稼验农、重视农桑的政治诉求。贾珺《田家景物御园备，早晚农功倚槛看——圆明园中的田圃村舍型景观分析》[②]比较系统地论述了圆明园中的田园景观，并从史学角度去探寻田圃村舍作为古典园林景观因素的历史渊源，以及田园景观所反映的清帝理政思想和对待隐逸文化的态度。檀馨《圆明园中的田园风光及耕织文化》[③]较为详细地介绍了圆明园的建园背景和几处田园景观，及其蕴含的现代价值，对风景园林造景的启示作用。以上研究都较为系统、全面地论述了圆明园中的田园景观，主要是从建筑学、园林设计等层面来谈，尚没有具体对某个景观进行深度解读。齐羚《丹棱片中小天地，杏花春馆山水情——圆明园杏花春馆景区土山理法初探》[④]则从筑山、土山理法等园林建筑设计方面阐述了杏花春馆这一景观，虽然涉及了具体景观，但还是从建筑工程、叠山理水技艺层面来解析。贺艳、吴祥艳、刘川《再现·圆明园——⑦杏花春馆》[⑤]论述杏花春馆景区不同帝王时期的格局和面貌，并进行了单体建筑、园林景观等复原设计。综上，以往研究多偏向于建筑工程和景观设计，对于田园景观所蕴含的文化内涵只作简单描述，鲜有通过景观去联系清帝的家庭生活和内心世界进行研究。本文将在前人研究的基础上，试从一个具体的田园景观入手，挖掘景观背后所蕴含的治世思想、文化诉求、审美理想以及生活理念。对清代帝王而言，田园景观的设置是园居理政的需要，还是对民间田园生活的模仿？抑或是一种士大夫隐逸文化的折射？在此以杏花春馆为例来考证分析。

一、历史沿革：从菜圃到杏花春馆

杏花春馆位于圆明园后湖西北角，始建于康熙年间。此景初名菜圃，雍正四年（1726）易名杏花村，依唐代杜牧诗作《清明》意境进行了改建。雍正五年（1727）始挂御题"杏花春馆"匾，仍然沿用菜圃旧称，乾隆初期改称杏花春馆。胤禛《园景十二咏·菜圃》云："凿地新开圃，因川曲引泉。碧畦一雨过，青壤百蔬妍。"诗中描绘了一幅凿地开圃引泉、春雨之后菜蔬青青的清新画卷。《园景十二咏》是雍正做皇子时的诗作，记录了圆明园的早期景象，所吟咏的十二园景是：深柳读书堂、竹子院、梧桐院、葡萄院、桃花坞、耕织轩、菜圃、牡丹台、金鱼池、壶中天、涧阁、莲花池。景名朴实无华，富有田园野趣。圆明园原为皇子赐园，胤禛在园中建有多处反映农耕生活、田园之趣的景观，深受康熙赞许。菜圃，意如其名，是一处农事景观，仅从景名就能看出胤禛当时的农桑情怀和美学品位。雍正《四宜堂集·沿湖游览至菜圃作》记载了菜圃早期的原野村落景象："一行白鹭引舟行，十亩红蕖解笑迎。叠涧湍流清俗念，平湖烟景动闲情。竹藏茅舍疏篱绕，蝶聚瓜畦晚照明。最是小园饶野致，菜花香里轳辘声。"菜圃一景，既是胤禛重农思想的体现，也是其韬光养晦、以退求进的一种政治谋略，赐园时期已呈现隐逸气质。在这里，胤禛可以尽情扮演与世无争、清静无为的"富贵闲人"，远离康熙所厌恶的九子夺嫡，朝廷纷争。雍正在《圆明园记》写道："园之中或辟田庐，或营蔬圃，平原膴膴，嘉颖穰穰，偶一眺览，则遐思区夏，普祝有秋。至若凭栏观稼，临陌占云，望好雨之知时，冀良苗之应候，则农夫勤瘁，稼事艰难，其景象又恍然在苑囿间也。"⑥可见雍正时期的圆明园，整体风格朴实、自然，一派村落景象，仿佛超脱皇权之外。

到了乾隆时期，乾隆帝在雍正园景基础上继续营造，景点逐渐丰富起来，形成了著名的圆明园四十景。雍正时期的十二园景也被重新命名，在朴实自然的田园风格上增添了些许皇家气派。景名也多有用典，富含人文之趣。如竹子院改称天然图画，梧桐院改称碧桐书院，牡丹台改称镂月开云，金鱼池改称坦坦荡荡，桃花坞改称武陵春色，杏花村则改称杏花春馆。景观的添建、景名的演变反映了乾隆与雍正不同的文化趣味和美学追求，甚至是不同的理政思想。乾隆九年（1744）《圆明园四十景图咏》描绘了杏花春馆的早年景象。《圆明园四十景图咏》是清乾隆年间由宫廷画师沈源、唐岱等人根据圆明园著名景群绘制而成的40幅分景图，这套绢本彩绘写实与写意结合，记载了"万园之园"圆明园的辉煌，是圆明园鼎盛时期园林、建筑风貌形象而直观的珍贵史料。从这套彩绘所描绘的图景，可以推测杏花春馆在乾隆初期的风貌。大致说来，在《圆明园四十景图咏》成图时，杏花春馆依然是一处四面土山环绕、矮屋疏篱错落、文杏蔬果点缀的田园村落景观（图一）。

乾隆九年《御制圆明园四十景·杏花春馆》诗序云："由山亭逶迤而入，矮屋疏篱，东西参错。环植文杏，春深花发，烂然如霞。前辟小圃，杂莳蔬蓏，识野田

图一 《圆明园四十景图》之杏花春馆

村落景象。"诗序中提到的矮屋有杏花春馆、翠微堂、土地庙、涧壑余清等建筑，布局比较分散，呈现疏落姿态。杏花春馆整个景群以田园风光为基调，除了环植文杏，诸多景观都与农事相关，村落中还有菜畦、水渠、土山等田园景致。"景区内建筑体量都不大，有的建筑屋顶特别采用了石板瓦，墙壁则用虎皮石砌筑，风格简素"⑦。　整体说来，此时杏花春馆依然保留了雍正时期的田园村落风貌，尚无皇家华丽雍容之风。乾隆《御制圆明园四十景诗·杏花春馆》细致描绘了这里的景观："霏香红雪韵空庭，肯让寒梅占胆瓶。最爱花光传艺苑，每乘月令验农经。为梁谩说仙人馆，载酒偏宜小隐亭。夜半一犁春雨足，朝来吟屧树边停。"乾隆御制诗中提到了验农、一犁春雨，与元好问诗"一犁春雨麦青青"、苏舜钦诗"山边夜半一犁雨"有异曲同工之处。杏花花开往往与春雨相伴，也隐含了杏花春馆与农耕的密切关系。一夜春雨一犁深，最是春耕好时节。《圆明园四十景图》中所绘的粉色蔷薇科小乔木应为乾隆诗序中所提到的文杏。乾隆诗"霏香红雪"则描绘了杏花的形态、颜色和气味。乾隆触景生情，大约也是因杏花飘雪之诗画意境，及其蕴含的节令信息。杏花一方面承担着如雪如画的景观功能，还因与春雨的密切关系，蕴含着风调雨顺、春种秋收的吉兆，因而和菜圃、农田等田园景致天然契合。

乾隆二十年（1755），对杏花春馆景区进行了改建，去掉了菜圃，在东南山口处开辟水渠与后湖相连，将湖水引入到低洼的小山谷，形成了蜿蜒曲折的"上"字形水面，既营造了景观意境，也利于引水灌溉和自然排水。又新添春雨轩、杏花村等景观，早期的菜园小圃、疏篱茅舍已不见踪影，乡野村落气息渐渐淡去。据史料可知，自胤禛赐园到1860年被焚毁，杏花春馆经历了多次调整，其中规模最大的一次则是乾隆二十年，此后杏花春馆整体格局基本稳定下来（图二）。"乾隆三十四

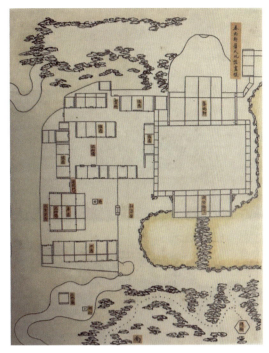

图二 乾隆二十年杏花春馆改建平面图

年，又在春雨轩后堆叠山石高峰，成为后湖周围山体的最高峰，改变了景区的山水格局。至此景区已经没有以往的山野村落景象，而成为一处完整的园林，不但有主要的厅堂，还有次要的附属用房，山水主次分明，自成一体，形成一处具有差序格局的建筑群，从此也可以看出乾隆与雍正不同的追求"⑧。雍正时期，杏花春馆还是一处朴实自然、充满田园乐趣的景观，比较接近传统的文人园林。乾隆中期改建之后，增加了皇家园林色彩和气派。这也符合雍正清雅、乾隆华丽的审美品位。

虽然乾隆中期杏花春馆已逐步偏离早期的山野村落景象，但乾隆重农桑、倡耕织的治世思想与雍正是一脉相承的。乾隆在《圆明园后记》提道："乐蕃植，则有灌木丛花，怒生笑迎也；验农桑，则有田庐蔬圃，量雨较晴也。"⑨足见其对农桑的重视。杏花春馆为乾隆帝经常到来之处，乾隆御制《春雨轩小坐因而成咏》诗句云："所喜不在此，开畦绕前墀。菜甲既勃生，麦穗方饱垂。学圃岂鄙哉，验农亦因斯。"春雨轩是乾隆观察天候、检验

农事的重要场所。春雨轩，顾名思义，"去岁春雨好，轩成而名之。"每逢春雨时节，乾隆帝必前来春雨轩观察天候，少雨时"祈雨"，来雨后"谢雨"。乾隆对春雨轩倾注了诸多情感，先后题咏23次。自春雨轩建成之后，连年春雨不断。乾隆御制诗《春雨轩对雨作》曰："春雨名轩果是奇，自兹春雨每逢之。"喜悦、得意之情跃然纸上。古语说，春雨贵如油，春雨的多少往往关系着一年农业收成的好坏。春雨轩，便是乾隆关心农业、体察农情心态的真实写照。

二、杏花造景：田园意境与农桑情怀

杏花在中国传统文化中，是十二花神之二月花，即春之花，有"南梅北杏"之说。杏花如雪，比桃花要清丽，比梨花要纤秾，是古代诗人争相吟咏的花木，亦是文人雅士寄托情志、赋予意义的花木。宋代志南和尚《绝句》所写"沾衣欲湿杏花雨，吹面不寒杨柳风"、宋代陆游《临安春雨初霁》中的"小楼一夜听春雨，深巷明朝卖杏花"、唐代韩偓《寒食夜》所写"恻恻轻寒剪剪风，杏花飘雪小桃红"等大量古代诗词将杏花与早春意境写到极致，杏花花开往往春雨润泽，杏花与春雨也就有了不解之缘。

在以农耕为本的古代社会，杏花除了观赏价值之外，对农耕也有特殊意义。西汉晚期的重要农学著作《氾胜之书》写道："杏始华荣，辄耕轻土、弱土。望杏花落，复耕之，辄蔺之。此谓一耕而五获。"杏之花开花落对于农耕尤为重要。在古代社会，人们生活依赖于自然，节令对于农耕有重要指导意义。杏花花开，菖蒲始生，春耕亦从此开始。因此，杏花时令也是劝耕季节，所谓"杏花盛，种百谷"[10]。"望杏敦耕，瞻蒲劝穑"[11]"瞻榆束耒，望杏开田"[12]"将使杏花菖叶，耕获不愆，清畖泠风，述遵

无废"[13]等文句都指出了望杏与春耕的关系。古人耕种遵循节气月令，提倡用天因地，按时令耕种。杏花为农历二月花神，也就是春耕之花神。

植物本是自然之物，但在中国传统文化中蕴含了富贵、长寿、吉祥、清高等不同寓意，被赋予了古人的审美理想、文化观念及情感结构。换言之，在深厚绵延的中国文化影响下，植物不仅是托物言志对象，本身也被"文化""人化""情致化"了。从《诗经》《楚辞》开始，植物就成为一种隐喻、一种象征，渗透着古人的情感、思想与品格，而且植物又是自然中非常具体的风物。中国古典园林营造，往往不是单纯建构园林建筑风物，而是追求天人合一、与自然浑然一体之境界。正因为追求天人合一境界，古典园林造园选址一般会选择幽静之地，远离城市。明代造园家计成《园冶·园说》提道："凡结林园，无分村郭，地偏为胜，开林择剪蓬蒿；景到随机，在涧共修兰芷。""梧荫匝地，槐荫当庭；插柳沿堤，栽梅绕屋；结茅竹里，浚一派之长源；障锦山屏，列千寻之耸翠，虽由人作，宛自天开。"[14]无论是园林选址，还是花木配植，计成都追求天然之趣，也成为后世造园的理论指导。"在对园林花木的处理上，中国古典园林不像古代的欧洲人那样过多地用理性及秩序去干预，而是不仅注重保持花木的原朴的'天造'风格，更注重在山、水、建筑、人、天、地相契相合的气氛中，赋予花木一种精神性的'合一'色彩。"[15]然而，园林毕竟是城市化产物。在漫长的中国乡土社会中，城市发展到一定阶段之后，园林开始出现。城市化越成熟，人们对园林的期盼越强烈。正如乾隆在游苏州狮子林时所言，"谁谓今日非昔日，端知城市有山林。"尽管造园在花木选择、景观营造上都追求天然之趣，但毕竟不纯粹是乡野村落的自然之趣，而是被赋予了城市上流社会的审美和文化。再天然，也是人造之景，是被

建构的充满自然之趣的景观。

古典园林在营造设计时，在花木配置上不仅要考虑植物与建筑、山形水系、气候土壤、自然环境是否相和谐，是否能有效表现景观意境，还要考虑到植物的文化属性，以及园林主人的情怀、态度及内在品格。花木是园林之中富有变化的造园素材，不同季节、不同地方可以营造不同意境。皇家园林花木配置既考虑

图三 《圆明园四十景图》杏花春馆之杏树景观

植物的形态之美，诗情画意，还会考虑花木所蕴含的富贵吉祥、治世安邦等寓意。杏花是早春之花，不仅能营造杏花飘雪意境，还与春耕、清明等节令关系密切。圆明园杏花春馆盛期景观以文杏取胜，以春景见长，体现了植物与节令的关系。据史料可知，杏花春馆周边山体遍植文杏，在空间布局上，园林建筑和村舍园田随意交错，既为表现唐代诗人杜牧《清明》"借问酒家何处有，牧童遥指杏花村"之早春田园意境，以及文人士大夫的诗酒雅兴情怀，也反映了清帝的农耕思想和审美意识，以及内心对隐逸生活的一种天然向往。杏树与隐逸文化早有渊源。宋代学者周密《癸辛杂识》曰："牟端明园中有双杏亭，宅前枕大溪，曰南漪小隐。"所谓"小隐隐林薮，大隐隐朝市"，正是杏花营造的田园景观，让乾隆帝可以暂时忘却朝堂事务，"为梁谩说仙人馆，载酒偏宜小隐亭"。置身于仙境般的杏花林中，载酒小酌，可远离尘嚣烦扰（图三）。

三、耕织文化：重农传统、文人意趣及民间生活诉求

在古代中国，农业是立国之本，历代帝王对于农业都非常重视。明清时期，帝王对于农耕文明的重视表现在直接将田园村落景观引入到皇家园林，清代帝王更甚。"清代第一座离宫畅春园无逸斋南面有数十亩菜园，背面是稻田数顷；玉泉山

静明园中设'溪田耕课'一景，临河开辟大片水田，农家景色历历在目；此外避暑山庄万树园的东南部在康熙年间也曾开辟农田和园圃，种植御稻和各类瓜果蔬菜。清漪园周围有很多水田，乾隆帝并没有在园内再开辟田圃，而是别出心裁地在昆明湖西岸的延赏斋中设置一系列石碑，碑上刻有全套的《耕织图》，还把内务府的织染局搬迁到这里，以提倡男耕女织的经济观念。"⑱清代帝王有重耕织传统，早在康熙年间，圣谕中就提出《重农桑以足衣食》："古者天子亲耕后亲桑，躬为至尊，不惮勤劳，为天下倡。""重农桑以足衣食"从此成为清代富国之策。康熙三十五年（1696），善画山水人物的画家焦秉贞奉旨绘《耕织图》各23幅，分别描绘耕、织生产的全过程。康熙帝为之作序，并为每幅图御题诗一首。《耕织图》以江南农村耕织为题材，较为系统地描绘了粮食生产从浸种到入仓，蚕桑生产从浴蚕到成衣的具体操作过程，其中耕图分"浸种、耕、耙耨、耖、碌碡、布秧、初秧、淤荫、拔秧、插秧、一耘、二耘、三耘、灌溉、收刈、登场、持穗、舂碓、筛、簸、扬、砻、入仓"，织图则描绘"浴蚕、二眠、三眠、大起、捉绩、分箔、采桑、上蔟、炙箔、下蔟、择茧、窖茧、练丝、蚕蛾、祀谢、纬织、终丝、经、染色、攀花、剪帛、成衣"等过程。康熙《耕织图》是研究清代耕织文化直观而翔实的史料。胤禛也效仿康熙御制的

耕织图，以其为蓝本制作了一套"耕织图"。雍正耕织图的最大特点是将耕织图中的男女主人公即农夫、蚕妇画成当时还是雍亲王的胤禛及其福晋、侧福晋，描绘了一幅幅村舍阡陌、男耕女织、怡然自得的田园生活画卷，并亲笔题诗并钤"雍亲王宝""破尘居士"印章。 当然，在雅趣、惬意的田园生活表象之外，雍正也体会到耕、织的艰辛，其诗："争携老稚共，供插陌阡驰。自得为农乐，辛劳总不知。""试看千万缕，始成丈尺绢。市城纨绮儿，辛苦何由见。"可见一斑。此外，胤禛《园景十二咏》中有一景为耕织轩，其诗"辛苦农蚕事，歌诗可系幽"也道出了耕织的艰辛。乾隆同样重视康熙以来的耕织文化，乾隆三十四年（1769），乾隆帝命画院据元代程棨本临摹之《耕织图》，石刻嵌在皇家清漪园延赏斋左右廊壁，成为清漪园的别致景观。在御园兴农田种桑麻，传承耕织文化，逐渐成为康熙延续下来的一种传统。

清代帝王在皇家宫苑营造田园景观，甚至御园亲耕，既是延续乡土中国几千年的情感结构，也是其政治统治思想的一个方面。"早在周代天子就有亲耕之礼，后世帝王在皇家园林设置农田菜圃，除了偶尔演耕之外，主要目的是为了'观稼'，就是通过对御苑中的农田来观察庄稼的长势，考量雨水是否充沛，具有类似试验田的性质，在一定程度上突破了宫禁的限制，成为皇帝了解农业生产的一个重要窗口，同时也有寄托农业丰收愿望的含义。"[17]

作为离宫别苑，圆明园营造了多处田园景观，既具备课农观农、弄田学圃、农业生产等实用功能，又突出了田园造景艺术的审美功能，也隐含了帝王对文人园中隐逸思想的诉求。"圆明园的田圃村舍，在功能和思想内涵上，几乎完全延续了历史上宫廷苑囿的规制，所不同的是，这些功能与文人士大夫阶层的审美追求有所融合，致使园中田圃村舍诸景呈现出丰富多

彩的面貌。这些景物的实用意义体现统治者治国思想的意义，与造景意义的比重不相上下，这在中国皇家宫苑的发展史上，是最为突出的。究其原因，可以认为是文人的情趣和私家园林的营造手法对皇家园林的不断渗透。"[18]

圆明园景观令法国传教士王致诚叹为观止，园中的田园景致也令其震惊不已，他在给巴黎朋友的信中提道："在那里，您可以见到田野、牧场、农舍和分散的小农庄。那里也有牛、犁及所有与农作有关的必需的东西。人们播种小麦、稻米、豆类及所有其他粮食作物。他们自己收割作物，并在自己的打谷场上脱粒。总而言之，他们在这里尽可能地模仿着发生在乡村里的每一件事，每一件事都表明了一个乡村的朴实和普通生活方式。"[19]换言之，清帝在御园中营造的田园景观，既是一种古典园林的造园艺术，也为帝王、后妃提供了一种田园生活想象，让深居宫苑之中的帝王妃嫔，在对简朴单纯的田园生活的模仿之中体验农桑之乐。

此外，充满天然之趣的田园景观，亦是对文人士大夫阶层雅致生活的一种模仿，是对宫廷理政生活的一种平衡。帝王将相，侯门似海，高处不胜寒。然而，他们也有普通人的情感和诉求。在勾心斗角、压力重重的朝廷之外，文人士大夫的闲适生活或隐逸生活就成了"诗和远方"，是"生活在别处"的一种想象。寄情山水也好，隐逸田园也好，都是暂时对现实的逃避，回归内在自我的一个过程。"早在魏晋南北朝时期，皇家园林就向士人园学习，至清代，皇家园林大量吸取南方私家园林的艺术精髓，'南秀北雄'集于一体。因此，皇家园林除了表现皇帝君临天下、俯察庶类的特殊情感外，也表现了一般文人的审美情感，如对清幽生活的向往，皇家园林中以欣赏自然景色、陶融自然为主题的景点俯拾皆是。"[20]魏晋以来文人园的审美意识和隐逸文化对中国古典园林营造有着重要影响，古典园林也为

"朝隐""中隐"提供了可行、可望、可游、可居的实践空间。清代皇家园林在模仿文人园林时，首先体现在田园景观的营造。田园景观造景突出了田圃村舍景致，可居可游功能，既提供了男耕女织、春播秋收的传统乡土社会的生活方式，还可以让帝王暂时脱离尘嚣牵绊，远离人事扰攘，达到隐逸境界，体验朝堂之外的另一种生活。

四、结语

观稼验农、御园亲耕也是清帝园居生活的一部分。正如乾隆诗所言："园居岂为事游观，早晚农功倚槛看。"清代帝王居住在"夏宫"圆明园中，不只为避暑消夏、观山赏水，还要心忧农桑、稼穑之事。田园景观的营造，既是一种审美需要，也是理政需要。同时，在对田园耕织生活的模仿中，帝王暂时找到了被压抑的内在自我。在圆明园众多农事、田园景观之中，杏花春馆在农耕实景和田园风光中取得了一种平衡，它融合了实景与虚景的边界，注重园林意境的营造，富有文人园林气息。园林的最高理想应该是有若自然，"虽由人作，宛自天开"大约是古典园林所追求的最佳境界。杏花春馆景观在营造时，既追求自然之趣，又融诗画意境于园林，让杏花春馆始于田园，又在田园之外。

①郭黛姮：《乾隆御品圆明园》，浙江古籍出版社，2007年。

②贾珺：《田家景物御园备，早晚农功依槛看——圆明园中的田圃村舍型景观分析》，《建筑史》2003年第2辑。

③檀馨：《圆明园中的田园风光及耕织文化》，《中国园林》2011年第11期。

④齐羚：《丹棱片中小天地，杏花春馆山水情——圆明园杏花春馆景区土山理法初探》，《中国园林》2016年第2期。

⑤贺艳、吴祥艳、刘川：《再现·圆明园——⑦杏花春馆》，《紫禁城》2012年第6期。

⑥白帆点校：《御制圆明园四十景诗：外三种》，北京出版社，2017年，第3-4页。

⑦郭黛姮：《乾隆御品圆明园》，浙江古籍出版社，2007年，第69页。

⑧郭黛姮：《乾隆御品圆明园》，浙江古籍出版社，2007年，第70页、第73页。

⑨白帆点校：《御制圆明园四十景诗：外三种》，北京出版社，2017年，第6页。

⑩[汉]崔寔著、石声汉校注：《四民月令校注》，中华书局，2013年。

⑪[南朝·陈]徐陵：《司空徐州刺史侯安都德政碑》，《徐孝穆集》卷四，商务印书馆，1939年。

⑫[南朝·宋]郭茂倩：《乐府诗集》卷四《郊庙歌辞四·春祈稷诫夏》，人民文学出版社，2010年。

⑬[南朝·梁]萧统编、[唐]李善注：《文选》卷三十六"永明九年策秀才文"，中华书局，1977年。

⑭[明]计成：《园冶》，江苏凤凰文艺出版社，2015年，第17-18页。

⑮曹林娣：《中国园林艺术概论》，中国建筑工业出版社，2009年，第129页。

⑯贾珺：《中国皇家园林》，清华大学出版社，2013年，第310页。

⑰贾珺：《中国皇家园林》，清华大学出版社，2013年，第313页。

⑱郭黛姮主编：《远逝的辉煌：圆明园建筑园林研究与保护》，上海科学技术出版社，2018年，第240页。

⑲李宏为译：《一位法国传教士眼中的圆明园》，《历史档案》1999年第2期。

⑳曹林娣：《中国园林艺术概论》，中国建筑工业出版社，2009年，第224页。

（作者单位：圆明园管理处）

明保定侯梁珤墓志探析

武 迪

明保定侯梁珤墓志，藏于北京石刻艺术博物馆，于2007年8月在昌平区回龙观二拨子新村征集。据捐赠者讲，此墓志是其多年前在紫竹院一带发现，并非昌平区本地出土。墓志盖为篆书（图一），刻有"大明故奉天翊卫宣力武臣特进荣禄大夫柱国保定侯赠蠡国公谥襄靖梁公墓志铭"。志底为楷书（图二），文字大部分尚可辨认，共45行，行字不等，满行43字，全文共1483字。墓志为青白石质，盖底长、宽皆为64厘米，厚10厘米。边框无纹饰，志底左下角有残损。

图一 保定侯梁珤墓志志盖拓片

一、墓志录文

志盖：

大明故奉天翊衛宣力武臣特進榮祿大夫柱國保定侯贈蠡國公謚襄靖梁公墓志銘

正文：

明故奉天翊衛宣力武臣特進榮祿大夫柱國保定侯追封蠡國公謚襄靖梁公墓志銘

賜進士及第奉議大夫左春坊左□□經筵講官前翰林國史修撰華容黎淳□

□議大夫資治尹吏部右侍郎濟南□□書

□議大夫資治尹兵部左侍郎燕□□震篆

图二 保定侯梁珤墓志志底拓片

公□□，字惟善，姓梁氏，故保定伯銘家嗣，其先世伯益之後，□封梁伯，居夏陽，因氏焉。感□□多名宦，至宋□□□┘□□□□□家河南，占籍汝寧府汝陽縣之東城，即公高祖也。曾祖□仕元為右翊萬戶，□□仕元為浙東錢□縣尉，□命□□歲丙午，玉率所部歸我太祖。□□□□□溫臺升百戶，後俱以銘□追封保定伯，曾祖母龔祖母陳追封伯夫人。父諱銘，字自新，洪武初，隨太祖□□方，永樂初，隨□□□□□□北□效勞，勳曆百戶指揮，累官後軍都督府同知，洪熙乙巳，□□□□□錄□舊功進封保定伯，妻王氏封伯夫人，賜誥券。今皆以公貴贈保定侯，曾祖母、祖母□侯夫人，母追封太夫人。公雖生富貴中，自幼好□□，歷覽諸史，閑於武略，每論古將帥用兵，利鈍成敗，皆達其要，性簡夷人，□□之不□□雅稱，知其為偉器矣。宣德丁未，銘領兵征交趾，至古□縣遘疾卒。公不憚險遠，躬迎柩歸金陵，葬祭□禮。念太夫人高年，家居七八年，職專孝養，有疾則躬侍，藥粥先嘗以進，無間寒暑，歲乙卯，公年既壯，始疏先世功自陳，宣廟念公勳舊，允襲伯爵，公益自策勵，夙夜勤慎。未幾，統領五軍□□□明□，士卒屬心。尋督修在京倉庫，政有成績，克稱委任。正統戊辰，福建民叛，英廟命公充副總兵統軍往征之，至則追斬偽□王鄧茂七。景泰庚午，湖貴二藩□□寇邊，命公充總兵官掛平蠻將軍印，統軍往剿之，至則生擒偽苗王韋同烈。披山通道追奔，所及每戰皆捷，其□芬香等寨，誅賊帥苗艮虎等萬餘人，披靖州東山□□賊□伍□□□餘□。□□家隘□賊帥姚仲原等數千，其餘覆巢穴，焚戰艦，奇功妙筆不可數計，閩越湖貴之地，不一二年大定，人民□□。明年班師，朝廷嘉其功，甲戌進封公保定侯，都督右府軍事，賜誥券，□賞金織襲衣，白金綵幣。天順改元，英廟複位，圖任舊人。是年秋，加封公奉天翊衛宣力武臣特進榮祿大夫柱國保定侯，歲祿

一千五百石，賜誥券，子孫世襲，妻錢氏封侯夫人。冬，上慮陝西三邊要地，命公充總兵官往鎮之，賜敕諭誡并賜蟒服二襲，白金綵幣寶楮有加。明年戊寅，虜果寇涼州，公奉命提本鎮兵，合安遠侯所統兵往討之。安遠見虜勢銳，稍卻。公曰：人臣受國委任，當不畏義死，不榮幸生，何可如是？遂單騎陷賊，陳大軍繼進，虜□大敗遁去，西陲以安。甲申，今皇上即位，召公還朝，命都督左府軍事，優其老也。公出入中外三十餘年，小心敬畏，受知列聖，恒有賜養，官至極品，終始保全，人罕與比。而尤善處同列，或言有不合，包含不發，待將校恕其不及，久益親附，善撫士卒，寬而有制，雖領軍□，不妄殺人，鄉里故舊孤寒者，每加周恤。雖子孫亦推恩，保庇在京。識與不識，歿而貧者，助其喪葬。作家訓五條遺子孫，大抵皆忠君孝親，敬表慈幼，信朋友，愛軍士，制財用等事，人以為名言。疾篤，泣謂太夫人曰，我生甲子，已一周遭際，□榮分茅胙土極矣。所恨者，前不獲侍父之終，今不能終母之養，雖有二子，皆幼不幸中道至於永訣，而為不孝也。言既而卒。訃聞，上深悼惜，輟視朝示□。遣禮部左侍郎萬安諭祭，命工部治喪葬，追封蠡國公，諡襄靖，賜賻其厚。京師親王遣祭，公侯六卿皆詣□祭。公生永樂丁亥五月十日，卒成化丁亥十二月十日，壽六十一。配夫人錢氏□□□，錢義女有賢，行先天順六年卒，葬宛平縣香山之原。今卜以戊子歲三月十二日，以公與夫人合葬。子□□□□傳，其母張，仲曰任，其母□，季曰□，其母楊，皆側室子也。公之葬，其弟琦奉鴻臚少卿石公所著事狀□□□□□，公為□國□臣，雖□握兵柄，然能仁其世，以有光於厥先，能義其兵，以有功於天下，蓋今之柱石。□□□□□□□□□□天眷有歸，民□雲龍，翁會氣機，內難底平，外氛咸廓，魁傑景從，疏封列爵，公襲□□，壇授□，為國□臣，綱領師垣，萬心牧屬，惠同春

和，令如秋萧，蠻猖於楚，夷□□□，□□□□，□□我民，公奮前驅，孰抗孰禦，獠峒蠻溪，畢霑甘雨，醜虜作□，騷我北邊，□□□□，帝□□□，往□彼疆，公效駿奔，摧鋒萬里，腥穢蕩除，疆場寧止，金戈鐵騎，出斬鯨□，心膂股肱，人嗟公貴，維孝維忠，我服公義，河山帶礪，傳襲後賢，公比□□，三□名將，公所遺憾，□頭違養，於戲襄靖，□世不忘，太史刻銘，幽□□□

二、梁珆家世

据志文所载，梁珆为夏代伯益后人。《史记·秦本纪》记载伯益又名柏翳，也称大费，因协助禹治水有功，故受舜赐姓嬴。据《史记·秦本纪》[①]，伯益的后裔非子，受封于秦邑，被称为秦嬴。非子的曾孙秦仲，为周宣王时大夫，曾奉命携其五子共讨西戎。秦仲幼子康因功受封于夏阳梁山（今陕西韩城南），建立梁国，史称梁康伯。公元前641年，秦穆公派兵攻灭梁国，改称梁地为少梁[②]。亡国后的梁国子孙，大部分逃到了晋国，以国名为氏，此为梁姓来源之一。梁珆因姓梁氏，故撰文人附会到伯益这一脉上，可说是提高自身家世的一个手段，这在历代都屡见不鲜。

但志文接下来的记载，却道出了梁珆家世的真正来源。梁珆的高祖占籍河南汝宁府汝阳县，曾祖曾仕元右翊万户。由此看来，梁珆的高祖并非是河南汝宁府的原住民，是从别的地方迁居于此的。按《新元史·百官志》[③]，万户在元代是三品官，元代诸路设万户府，有万户一员，上万户府万户为正三品，中、下万户府万户为从三品。且万户世袭，有功则升秩。元世祖为了加强中央对地方的统治，他任命一些自己宗族的成员为"王"，如"云南王""河南王"等，任军职的宗族成员则封为"都元帅"，"左右万户""部兵翊卫"，其官位在一般将军之上。

北京石刻艺术博物馆还藏有梁珆之子梁任墓志，对梁任祖先略有涉及，记载梁任高祖为梁玉，曾祖为梁大用，祖梁自新，父梁惟善。自新为梁铭字，惟善为梁珆字，墓志上未直接书写先祖名讳。由此，梁任曾祖应字"大用"。并记梁大用在明初任钱塘百户。

晚清实业家梁焕奎在1915年曾纂《梁氏世谱》，此家谱是在其家族修于清乾隆四十三年（1778）的"旧谱"基础上续修而来的。"旧谱"之前又有"老谱"，"老谱"和"旧谱"本身今皆已不存[④]。据《梁氏世谱》记载，梁焕奎家族这支梁氏在明初有祖先名为梁铭，志文上梁珆之父即梁铭，由此可使人联想志文与《梁氏世谱》上的梁铭是否为同一人。

《梁氏世谱》记载[⑤]，这支梁氏一世始祖，名叫梁虓，他的蒙古名叫也先帖木儿，妻姓失传，生有梁志、梁忠二子。长子梁志无子，次子梁忠，妻姓失传，生一子梁暹，梁暹妻蓝氏，生一子梁玉。梁虓和他的子孙（二世祖梁志、梁忠，三世祖梁暹，四世祖梁玉）在元朝四代世袭"右翊万户"，世居河南汝宁府汝阳县（今河南省汝南县），生卒年月不详。四世祖梁玉妻龚氏生一子梁成。五世祖梁成出生于元朝的元统元年（1333）。梁成元朝时在钱塘做官（钱塘尉），到明朝时管军百户。并于明初由汝阳举家迁至南京，其子取名为梁铭。

结合《梁氏世谱》、梁珆墓志、梁任墓志，不难得出《梁氏世谱》所记梁氏世祖就是梁珆祖先。梁珆祖父为梁成，曾祖为梁玉，高祖为梁暹（表一）。按志文，占籍河南汝宁府始于梁珆高祖，即梁暹，而《世谱》所载则为从梁暹之祖父梁虓起，就已家居河南汝宁府。此处虽有不同，但能说明两点，一是梁珆祖先不是河南原住民，二是梁珆家世确为蒙古人。元世祖忽必烈幼年起就受到汉文化的熏陶，在他统一中国前，已下诏国子通习汉语，当时蒙古人改为汉姓的不在少数。元亡后，蒙古、色目诸族转徙流

表一 梁珤、梁任墓志记载的梁氏先祖

关系	高祖	曾祖	祖	父	本人	子
人物	梁暹	梁玉	梁成	梁铭	梁珤	梁任

亡，融合在汉族中，更有许多人改为汉姓，而且还以汉字为名字。梁珤家族祖先或因居住地河南汝阳古属"大梁"，而以"梁"为姓。至于上溯至伯益为祖，盖为提高身世附会之意。

关于梁珤的祖先梁虓，是否为元世祖忽必烈之孙营王（最初封云南王）也先帖木儿，争议较大。从梁虓的生活年代来看，大致与营王相同，但两者之间世系、身份不合，并未有充分的证据表明梁虓与营王是同一个人⑥。笔者认为，结合《梁氏世谱》与志文，可以确定梁珤的祖先为蒙古人，但认为其是蒙元皇族，略显牵强。

志文记载，从梁珤高祖始，入籍定居在河南汝宁府汝阳县（今河南省汝南县），曾祖梁玉曾担任元朝的右翊万户，祖父梁成曾担任元朝的钱塘县尉。在元至正二十六年（1366），曾祖梁玉率其家族归附明太祖朱元璋，后升为百户。

据《明太祖实录》，元至正二十六年九月，朱元璋以徐达为大将军，常遇春为副将军，率二十万精兵，集中主力消灭张士诚。至正二十七年（1367）九月，平江城破，张士诚政权灭亡。张士诚有一义子，名曰"五太子"，史载"五太子者，士诚养子也，本姓梁，短小精悍，能平地跃起丈余，善没水，朱暹、吕珍亦善战，士诚倚之；至是皆降，士诚为之夺气。"⑦"五太子"在至正二十六年时与徐达、常遇春交战，兵败归降。史料中未记"五太子"归降后的结局。志文中载曾祖梁玉归附为"丙午"年，与元至正二十六年实为同一年。祖父梁成据《梁氏世谱》载生于元统元年，张士诚生于元至治元年（1321），二者相差12岁，"五太子"又本姓梁，故梁成极有可能是所谓的"五太子"，在"丙午"年与朱元璋交战后兵败归降，其父梁玉也率族而降。在元至正二十六年朱、张之战中，张士诚政权中很多官将皆

归降，如吕珍、李伯升等。若梁玉、梁成父子属张士诚政权中的将领，也有可能在此战中归降。但因相关史料缺乏，梁成与"五太子"的记载极少，二者是否为同一人，还需进一步考证。

梁珤家族从其父梁铭始起家。志文载梁铭字自新，荫袭其父梁成百户之职，在明洪武初年随太祖征讨四方，永乐时随明成祖出征效力，从百户指挥官至后军都督府同知，洪熙元年（1425）以旧功进封为保定伯，并赐诰券。志文中所提"旧功"，在《明史·梁铭传》中有记载⑧。在靖难之役时，梁铭任燕山前卫百户，跟随明成祖朱棣起兵，并与留在北平时为世子、后来的明仁宗朱高炽一起守城。建文帝派曹国公李景隆围北平，在此战中梁铭奋力抗击敌军，史载"战甚力"。明仁宗即位后，梁铭晋升为都督同知，以参将佩征西将军印，同都督同知陈怀镇守宁夏。仁宗追论梁铭在靖难时的守城之功，遂被封为保定伯，俸禄千石，予世券。

志文载梁铭于宣德二年（1427）征交阯时病亡。据相关史料记载，明永乐末期始交阯叛乱不止，至宣德元年（1426），明宣宗命安远侯柳升为征虏副将军，充任总兵官，保定伯梁铭为左副总兵共讨交阯。宣德二年，柳升等人率军抵达镇夷关。时梁铭病重，后亡于军中。而柳升轻敌冒进，至倒马坡时中埋伏而亡，明朝军队全军尽没。梁铭逝世后，梁珤亲自迎接其父灵柩回南京安葬。梁铭骁勇善战，史载其"勇敢善战，能得士卒心"⑨，历经太祖、成祖、仁宗、宣宗四朝，在靖难之役时立有大功，被仁宗封为保定伯，是梁珤家世中第一代获伯爵之人，梁珤的祖父、曾祖、高祖也因其父梁铭之功均追封为保定伯，祖母、曾祖母追封为伯夫人。

据《明史·功臣世表》，梁珤家世爵位，自其父梁铭受封保定伯以来，共历七世八代，至明亡而绝⑩。

第一代：梁铭，永乐二十二年（1424）十二月封保定伯，允许世袭伯

爵。宣德二年病死于征交趾军中。

第二代：即志主梁珌。

第三代：梁传，梁珌之子，成化四年（1468）袭爵。成化十七年（1481）去世。

第四代：梁任，梁传之弟，成化十八年（1482）袭爵。正德七年（1512）去世。

第五代：梁永福，梁任之子，正德八年（1513）袭爵。嘉靖九年（1530）去世。

第六代：梁继藩，梁永福之子，嘉靖十四年（1535）袭爵。万历三十一年（1603）去世。

第七代：梁世勋，梁继藩之侄，万历三十一年袭爵，据传于崇祯十七年（1644）北京城破时殉难。

第八代：梁天秩，梁世勋的子侄辈，袭爵时日史书无载。

三、梁珌生平

（一）梁珌的官职与履历

梁珌在《明史》中有传，《明实录》中英宗、宪宗朝有载。史载梁珌文武双全，尤善用兵，有其父梁铭之风。梁珌因战功卓越，由继承其父的伯爵而转升为侯爵，名号不变，仍为"保定"，并获赐世券。他在成化三年（1467）十二月去世，寿六十一，因念其功劳，又追封为蠡国公，谥曰"襄靖"。《明史》中未记其生年，卒年仅记成化初年，没有具体年月，据志文记载梁珌生于明永乐五年（1407）。

志盖上所载梁珌的官职全称为"大明故奉天翊卫宣力武臣、特进荣禄大夫、柱国、保定侯、赠蠡国公、谥襄靖梁公"。奉天翊卫宣力武臣，明代功臣封号[11]。凡以功封公、侯、伯爵者，皆可得封。给铁券，岁禄以功为差，荫其子孙。唯从太祖、成祖起兵有功者另有封号，不属此。佐太祖定天下者，为开国辅运推诚；从成祖起兵，为奉天靖难推诚；其余为奉天翊运推诚和奉天翊卫推诚。武臣曰宣力武臣，文臣曰守正文臣。特进荣禄大夫，明

代散官头衔，荣禄大夫为从一品，初授，升授为光禄大夫，从一品，加"特进"为正一品[12]。文武散官皆有特进荣禄大夫，而梁珌为武将，故此处特进荣禄大夫为武散官。柱国，明代勋级称号，武勋共十二阶，柱国为从一品[13]。保定侯、赠蠡国公，公爵、侯爵在明代视为一品[14]，公爵为一等爵，侯爵为二等爵。谥襄靖，即谥号为襄靖，据《逸周书·谥法解》[15]辟地有德曰襄，甲胄有劳曰襄。柔德安众曰靖，恭己鲜言曰靖，宽乐令终曰靖。意为开疆拓土，有战功，又性情怀柔，有风度。

志文记载梁珌幼年时，家中富裕，但并未成为纨绔子弟，反而勤奋好学，阅览各种史书，又喜欢军事，每次谈到古人用兵时，成败之处都能准确分析出来。志文的记载大多是溢美之词，这十分常见，但从梁珌之后的功绩来看，这段记载可信度高，至少说明梁珌从幼时起就对军事感兴趣，这一点应是受到其家族、尤其是其父梁铭的影响。梁铭病亡后，梁珌孝顺母亲，居家专心照料高龄的母亲七八年之久。等到梁珌快及壮年，上疏朝廷，以陈自己祖先的功绩，宣宗朱瞻基思念梁铭的功勋，在宣德十年（1435）允梁珌袭父保定伯爵位，从此进入仕途，并开始统领带兵，颇有成绩。

志文上对于梁珌早年的一些劣迹没有描述，着重记载了三次征讨的过程。但《明实录》对此有载[16]，宣德十年九月，梁珌刚继承爵位不久，监察御史王来等弹劾梁珌使自己的岳父、都指挥同知钱义每到操备时都"诈赍制书前导"，以虚张声势。明英宗因梁珌是勋旧之后，没有深究，仅使其自行改过。正统三年（1438），梁珌奉命收取南直隶百姓所养马匹时，徇私舞弊，不仅收受贿赂购置瘦小的马，还在路途中接连纳妾。言官数次劾奏梁珌之罪，明英宗迫于压力，遂将梁珌逮捕，经彻查属实，便投入锦衣卫狱中，监管起来，直到次年才释放。

志文在评价部分记述梁珌是个心地

良善之人。他自身做事小心谨慎，官位虽高但常怀敬畏之心，从而始终保全。虽为将领，但善待部下士兵，从不胡乱杀人，将校们都亲附于下。对乡里孤苦的穷人，也常同情照顾。因贫去世的，还出资为其办理丧葬。并为子孙留下五条家训，全是忠君孝亲敬表制财等，世人以为名言。《明史》上也记载说："珤天资平恕，数总兵柄，未尝妄杀一人。子弟从征，以功授官，辄辞不受，人以为贤。"[17] 志文与史料对梁珤的评价类似，梁珤早年虽有劣迹，但时尚年轻，未及三十，盖行事草率所致，后屡立战功，为国效力，一改年轻时轻浮之风。再结合梁珤谥号"襄靖"，此为美谥，应该说志文的评价是很贴切的。

（二）梁珤的三次征讨行动

梁珤一生主要有三大事迹，依次为征福建、平湖贵、镇陕西。

1. 征福建

正统八年（1443）至正统十二年（1447），梁珤相继受命督修京仓以及操练京营军士，开始走上一代名将之路。

正统十二年，矿工叶宗留因失去生计，聚集上千人起义。正统十三年（1448），福建沙县农民邓茂七不忍被地主剥削、政府强征，发动起义，叶宗留、邓茂七起义爆发。

正统十四年（1449）正月，明英宗派陈懋佩征南将军印，充任总兵官，梁珤及平江伯陈豫分任左、右副总兵，率京营及江浙军队出击讨伐[18]。

在大军到达建宁府前，邓茂七已在前次战斗中牺牲，其余部队撤到尤溪、沙县一带。梁珤南下到武步铺和水口驿。他多次打败农民军，俘虏并砍伤200多人，为去往福州扫清了道路。到福州后，梁珤向各县宣布，让老百姓恢复营业。他一方面试图安抚他们，另一方面又逮捕了余党陈得广等50多人。三月，梁珤督率军民分头进攻。他残酷镇压农民军，斩首900余人，活捉70多人，农民军进一步解体。

在梁珤等人班师后，因大军已走，被招降的农民军死灰复燃，导致局势又发生变化。言官因此事弹劾梁珤等人"欺罔"，导致他被下狱论斩。明代宗因此时瓦剌进逼京师，正是用人之际，又因梁珤功绩显著，遂减轻责罚，贬其充任为事官。梁珤被送赴武清侯石亨处戴罪立功。在北京保卫战中，梁珤随从石亨立功，遂得以恢复爵位。其父梁铭当初就以靖难之役时从明仁宗朱高炽守北平（即北京）立功，多年之后，梁珤也因守卫北京而重获爵位。

2. 平湖贵

明正统十四年，贵州和湖广爆发农民起义。景泰元年（1450）四月，朝廷派梁珤充任总兵官，挂平蛮将军印，接替失利的靖远伯王骥，对贵州苗人叛乱进行征讨[19]。十月，梁珤抵达贵州，他分兵四路，共同出击，多管齐下，首战告捷，大破叛军，斩首叛兵7000余名，生擒480余人，山寨攻破480余座，船只缴获750余艘，救出被劫男女1700余人。明代宗在京师得到消息后大喜，敕谕嘉奖。

接着，景泰二年（1451），梁珤与右都御史王来进兵靖州，时叛军正掳掠长沙、宝庆、武冈等地，梁珤再次采用分兵战术，斩首2700多人，救出被劫男女1425人。但叛军再次劫掠贵州各地，梁珤继续率军出击，连连获胜。

贵州土人韦同烈自称苗王，将部众数万人屯于兴隆（今贵州黄平），进攻平越、清平诸卫。时梁珤自沅州进军，与西路都督方瑛所部会合，攻占兴隆，迫使韦同烈撤至香炉山。后明军众将兵分三路，梁珤亲率大军紧随其后，欲强攻香炉山。明军各路进展顺利，连下黎树、翁满等300余寨，杀叛军3480多人，又招降衮水等200余寨，夺回被俘1700余人。明军会师香炉山下，四面下营，发火炮猛轰山崖，现强攻香炉山之势。叛军见状军心大乱，内讧遂起，后将韦同烈等首领共58人献出，投降于明。梁珤后移师清平卫，传橄四川，欲剿都匀、草塘诸苗，其余叛军接连投降，至此，湖贵苗乱平定。

然而西南始终人心不稳，在景泰二年（1451）、三年（1452）、四年（1453）苗人又多次叛乱，每次朝廷皆派梁珤前去平叛，多次立功。景泰三年十二月，明代宗进封梁珤为保定侯，增加食禄五百石，景泰五年（1454）二月，代宗又赐梁珤诰券，并追封其父祖三代及其妻子，并允其子孙世袭保定伯。

3.镇陕西

天顺元年（1457），明英宗通过夺门之变成功复位，遂大封朝野以稳人心，梁珤被封为奉天翊卫宣力武臣、特进荣禄大夫、柱国，赐诰券，可免一死，允其子孙世袭保定侯，此时梁珤已达其人生顶峰。四月，因西北局势不稳，英宗遂命战功赫赫的梁珤出镇陕西。十月，梁珤充任总兵官，赴陕西镇守。十一月，四千余鞑靼骑兵南下侵扰，梁珤忙征调兵力以守备各处要地[20]。

天顺二年（1458），鞑靼犯边，入侵凉州，梁珤率军反击。两军阵前梁珤单骑直入，大破敌阵，后其部队随之击退鞑靼军。志文中此事的记载更为详细。鞑靼入侵时，梁珤和安远侯柳溥兵共同抵抗，柳溥见鞑靼军力强盛，未敢出击，受到梁珤的指责，梁珤率自己的兵力进攻，大破敌军，鞑靼远逃，凉州遂安。柳溥是柳升之子，袭其父安远侯的爵位，当初梁珤之父梁铭曾作为柳升的下属共讨交阯，后梁铭在途中病亡，柳升中埋伏而死。多年后，二人的后代在凉州相遇，又同为将领，共抗外敌，本应同仇敌忾，可柳溥的表现令人不齿，使人感叹。

天顺八年（1464），明宪宗继位后，梁珤被召还京，掌理左军都督府事。梁珤镇守陕西八年，鞑靼因其指挥有方，军势强盛，防备得当，始终未敢大规模进犯。

四、逝世

梁珤于成化三年（1467）十二月十日在京逝世。据志文，梁珤去世时其母尚在，梁珤哭泣着对母亲说："我已生活了一个甲子，所痛恨的是，之前没有机会侍奉父亲，现在又要先于母亲离世，是不孝啊！"这是梁珤生前的遗言，说完就去世了。明宪宗知道后，十分伤痛，派遣时为礼部侍郎，后来成化年间的内阁首辅万安谕祭，工部负责丧葬。后追封梁珤为蠡国公，谥襄靖。京师的亲王、公侯、百官都奉旨前去祭拜。夫人钱氏，在天顺六年（1462）先于梁珤去世，葬于今香山一带。成化四年（1468）三月十二日，梁珤与钱氏合葬。梁珤有三子、梁传、梁任，第三子名讳因志文模糊而无法辨认。梁传与梁任分别是第三代和第四代保定侯，梁传在成化四年袭爵，成化十七年（1481）去世。梁任于成化十八年（1482）袭爵，官至南京左军都督府掌府事，正德七年（1512）去世，梁任墓志北京石刻艺术博物馆有藏，在馆内西廊内。

五、关于墓志撰书人

梁珤墓志由黎淳撰文，书丹和篆额者因墓志字迹漫漶不清，已无法辨认，仅识官衔。

黎淳（1423—1492），字太朴，号朴庵，湖广岳州府华容人，《明史》有载。他是明英宗天顺元年状元，授翰林院修撰，历任詹事府少詹事兼侍读、吏部右侍郎、南京工部尚书，后官至南京礼部尚书。弘治五年（1492）逝世，年七十，谥文僖，赐葬华容县黄湖山之原。黎淳以博学多才，学识广博著称，更精通经史，曾参与修撰《大明一统志》，还著有《龙峰集》《黎文僖集》等。

据志文，此时黎淳的官职全称为"赐进士及第、奉议大夫、左春坊左□□、经筵讲官、前翰林国史修撰"。黎淳为明英宗天顺元年状元，故为赐进士及第。奉议大夫，为文散官阶，正五品[21]。左春坊，为詹事府内部机构之一。詹事府主要从事皇子或皇帝的内务服务机构。左春坊内官职众多，其中"左庶子"为正五品[22]，由黎淳奉议大夫的散官为正五品，推断此处模糊字迹应为左春坊左庶子。翰林国史修撰，即翰林院史官修撰，从六品，主要职责为掌修实录，记载皇帝言行，进讲经史，以及草拟有关典礼的文稿[23]。因黎淳曾任翰林院修撰，故此时充任经筵讲官。

书丹和篆额者仅具官衔，书丹者为"□议大夫、资治尹、吏部右侍郎"，篆额者为"□议大夫、资治尹、兵部左侍郎"。资治尹，文勋官称号，正三品[24]。吏部右侍郎、兵部左侍郎，也为正三品[25]，故推断此二人的文散官阶应为三品左右，且含有"议"字，符合此条件的有三个，皆为正三品，嘉议大夫、通议大夫、正议大夫，二人散官阶应为其中的一种。

结语

保定侯梁珤墓志较为完整地介绍了梁珤的生平，结合相关史料，可推断出梁珤虽有汉姓，但其先祖历代仕元，实为蒙古人，而梁珤则是汉化的蒙古人，这是明初民族大融合下的具体表现。墓志对梁珤之父梁铭也有不少记载，梁铭北守燕都，南征交阯，因功封爵，是保定侯家族的奠基人。梁珤一生征福建、平湖贵、镇陕西，三次出京征伐皆凯旋而还。梁珤因其父之功袭爵入仕，又持自己赫赫战功而封侯拜将，去世后还被朝廷破格提升为公爵，嘉谥襄靖，可谓荣耀至极！保定侯家族共历七世八代，直至明亡而断，其家族显赫绵延近两百年，皆梁珤之功。保定侯梁珤墓志不仅可补《明史》《明实录》等史料中所遗漏的信息，且对相关史料有一定的修正作用。

① 《史记·秦本纪》："非子居犬丘，好马及畜，善养息之。犬丘人言之周孝王，孝王召使主马于汧渭之间，马大蕃息。"第177页。

② 《史记·秦本纪》："同州韩城县南二十二里少梁故城，古少梁国。都城记云梁伯国，赢姓之后，与秦同祖。秦穆公二十二年灭之。"第184页。

③ 《新元史·百官八》："上万户府……万户一员，正三品。中万户府……万户一员，从三品。下万户府……万户一员，从三品。"上海古籍出版社，2018年，第901页。

④⑥ 郭晓航：《梁漱溟家族始祖族属辨析》，《史林》2010年第2期。

⑤ 梁焕奎纂修：《梁氏世谱》"汝阳系世系表"，五橘堂刻本，1915年，第15-16页。

⑦ [明]胡广等纂修：《明太祖实录》卷二十一，中国台北"中研院"历史语言研究所，1962年，第300页。

⑧ 《明史·梁铭传》："以燕山前卫百户从仁宗守北平。李景隆围城，战甚力。"中华书局，1974年，第4239页。

⑨ 《明史·梁铭传》，第4239页。

⑩ 《明史·功臣世表三》，第3197页。

⑪ 《明史·职官五》，第1855页。

⑫⑬ 《明史·职官一》："正一品，初授特进荣禄大夫，升授特进光禄大夫。"第1751页。

⑭ 《明史·职官一》："公、侯、伯视一品。"第1736页。

⑮ 黄怀信等著：《逸周书汇校集注》，上海古籍出版社，1995年，第690页。

⑯ [明]孙继宗等纂修：《明英宗实录》卷九，中国台北"中研院"历史语言研究所，1962年，第171页。卷四十四，第860页。卷四十五，第870页。卷一百一，第2047页。

⑰ 《明史·梁珤传》，第4240页。

⑱ 《明英宗实录》卷一百七十七，第3427-3428页。卷一百七十六，第3390页。卷一百八十五，第3674-3675页、3679页。刘吉等纂修《明宪宗实录》卷四十九，中国台北"中研院"历史语言研究所，1962年，第1006页。

⑲ 《明英宗实录》卷一百九十一，第3956页。卷一百九十九，第4233页。卷二百，第4256-4257页。卷二百三，第4345-4346页。卷二百六，第4417-4418页，第4421页。卷二百九，第4493页。卷

二百二十四，第4876页。卷二百二十六，第4925页。卷二百三十八，第5197页。

⑳《明英宗实录》卷二百七十五，第5844页。卷二百七十七，第5918页。卷二百八十二，第6049页。卷二百八十四，第6091页。卷三百二十七，第6746页。卷三百二十九，第6774页。《明宪宗实录》卷四十九，第1006页。

㉑《明史·职官一》："正五品，初授奉议大夫，升授奉政大夫。"第1736页。

㉒《明史·职官二》："左春坊，大学士，正五品，左庶子，正五品，左谕德，从五品，各一

人。"第1783页。

㉓《明史·职官二》："翰林院……史官修撰，从六品。"第1786页。

㉔《明史·职官一》："正三品，资治尹。"第1737页。

㉕《明史·职官一》："吏部……左、右侍郎各一人，正三品。"第1734页，"兵部……左、右侍郎各一人，正三品。"第1750页。

（作者单位：北京石刻艺术博物馆）

明代御用监太监郭通墓志及相关研究

柳　彤

郭通墓志于1957年在海淀区清华大学出土，现收藏在首都博物馆。墓志1合2件，志盖与志底均为正方形，边长69厘米，厚9.5厘米。盖篆书题：钦差镇守云南御用监太监郭公墓志铭，4行，每行4字，柳文篆。志文为楷书，计32行，满行32字，首题：钦差镇守云南御用监太监郭公墓志铭，由阎钦撰，王杲书（图一）。因尚无相关的考古发掘报告，墓室状况及出土文物数量不详，目前仅有少量金饰、金冥钱、散碎木质带板和一块买地券砖被首都博物馆收藏。

一、墓志及相关研究

墓志铭显示，郭通为明宫御用监太监，卒于正德四年（1509）十月二十三日，次年（1510）六月葬于"顺天府昌平县率勤里留村之原"。郭通在正史中没有记载，因此，墓志的内容就是极为珍贵的一手资料，它不仅记述了郭通的生卒年份、内官履历，还反映了明代宦官制度以及宦官与社会各方面的关系，是研究明代宦官问题的重要实物资料。

（一）郭通生平事迹

墓志记载，郭通"生正统丙寅（1446）三月二十二日"，"其先江西人"，即他的祖籍是江西。志云：其父名郭福得，"乐善循礼，乡隐有操。母刘氏，贞淑贤良，恪执妇道"。表明郭通父母在其家乡有良好的口碑。郭通自小就表现得聪颖超常，为乡邻羡慕，志云其"幼而岐嶷颖秀，志意殊常，为里闾所羡

慕"。虽为溢美之词，但也在一定程度上反映出郭通日后能在皇宫秉职数十年，且得多位皇帝赏识，是与其聪慧灵秀的内质紧密相关的。志载："景泰壬申，简入掖廷供艺，小心寅畏，莅事安详。"说他景泰三年（1452）入宫，时年仅6岁，此后在侍奉妃嫔期间就懂得做事小心谨慎，察言观色。

从上述墓志内容可以看出，明代宫廷在招选内侍时，对其出身是有标准要求的，即入选者需是良家子弟，如是幼童入选者，还需具有聪敏灵秀的才情。

志载：郭通于天顺八年（1464，时18岁）入侍乾清宫，历景泰、天顺、成化、弘治、正德五朝，曾任酒醋面局副使，后升至御用监太监。因其工作谨慎，勤奋不懈，且老成练达，深受宪宗、孝宗、武宗赏识，多有恩赏，钦命委职，62岁时"出镇云南藩镇"，正德四年十月二十三日卒于云南公署，享年63岁（虚岁64），由他

图一　郭通墓志一合及拓片

表一 郭通的仕官履历

年号	时间	年龄	职掌、职衔	品级	升、谪
景泰	三年（壬申1452）	6岁	入宫		
天顺	八年（甲申1464）	18岁	乾清宫长随（侍英宗）	从六品	除（授、拜之意）
成化	四年（戊子1468）	22岁	乾清宫奉御（侍宪宗）	从六品	升
成化	十四年（戊戌1478）	32岁	酒醋面局右副使	从五品	升
成化	十六年（庚子1480）	34岁	酒醋面局左副使	从五品	转
成化	十九年（癸卯1483）	37岁	御用监左少监（金监事）	从四品	转升
成化	二十年（甲辰1484）	38岁	御用监太监	正四品	进
弘治	十二年（己未1499）	53岁	御用监太监（护送雍王）	正四品	钦命
弘治	十七年（甲子1504）	58岁	御用监太监 裕陵神宫监司香	正四品	命
正德	三年（戊辰1508）	62岁	御用监太监 （出镇云南藩镇）	正四品	钦差
正德	四年（己巳1509）	63岁（虚岁64）	御用监太监（卒）	正四品	

的侄子郭镛、郭铎为其入殓，并"扶柩返京师徇葬焉"。

根据墓志记载，将郭通的仕官履历列表如表一。

郭通6岁净身入宫到63岁病死，可谓尽其一生供奉明廷。从表中可以看出，他的内官生涯呈平稳上升之势，由低级的长随奉御不断升迁至高级太监。除乾清宫外，郭通先后在酒醋面局和御用监供职，这两处都是明宫内官机构中的重要部门。酒醋面局是八局之一，掌宫内食用酒醋、糖酱、面豆诸物；御用监是内官十二监之一，"凡御前所用围屏、床榻诸木器，及紫檀、象牙、乌木、螺甸诸玩器"[①]皆由其造办。

从墓志内容看，郭通在其职掌内均能做到"益殚乃心，淬励厥职"[②]，故其深受几任皇帝赏识，并得到诸多恩赏，墓志记载：成化二十一年（1485）"许禁中乘马"；二十二年（1486）"赐蟒衣、玉带，岁加禄米"。明代得宠的太监，可获准在大内骑马，骑马范围限于东西下马门至北安、西安门栅栏、东上北门；东上南门至南内西上南门及宝钞司[③]。蟒衣是仅次于龙袍的服装，玉带也属帝王专用，故赐蟒衣玉带是最高奖赏。

不仅如此，郭通还被钦命委派多项外

务，比较重要的事迹有三件：

1. 奉命护送雍王去衡州就藩

朱元璋建立明朝后，正式确立了封藩制。所谓封藩制，即将自己的诸子和个别宗室封为藩王，让他们率领精兵分驻全国要塞，建立起由皇权直接控制的军事中心。此举一方面，用以巩固边防；另一方面，用以削弱诸功臣将领的军权，监视各地的文武官吏，运用强大亲藩为屏卫，确保朱氏皇统的巩固。

史载，雍王（谥雍靖王）朱祐枟（1481－1507），是宪宗第八子。成化二十三年（1487）受封雍王。"弘治十二年之藩衡州"[④]。衡州即今湖南衡阳。这一年郭通已53岁，身为御用监太监，志云"弘治己未，孝宗皇帝察公倚旧之臣，且老成练达，命护送雍王之国"。由此反映出明朝皇帝对太监的倚重和信任。对于郭通的这次使命，墓志言其"往返途陆，恤惠军民，下无搔扰，有司德之"，当是完成得很出色，这也从侧面反映了郭通有着自律向善的操守。

2. 奉命去裕陵神宫监任司香

志云"甲子，公以耆年，命裕陵神宫监司香"。神宫监是内官十二监之一，负责管理明代帝王陵寝的具体事务。裕陵是明朝第六位皇帝明英宗朱祁镇和皇后钱氏、周氏的合葬陵寝。司香官，是古代皇宫中专门负责皇帝上香的专职官员。平时负责宫廷内的焚香事务，在庆典、祭祀及皇帝的所有香事活动中，则专门为皇帝奉香。志文中的"甲子"，是弘治十七年（1504），这一年郭通58岁，已是近耆年老人，奉命到裕陵神宫监任司香。

按：明朝宫廷太监去某处帝王陵寝司香，或因犯错遭贬谪，如沈德符《万历野获编》中所讲"内臣得罪，祖宗时俱下法司，近代以来多自内批出。其轻者云：降作奉御私宅闲住。盖犹为六品官也。又降奉御者，或云'发南京新房闲住'，或云'往凤阳祖陵司香'，其重者降作小火者，发去南京孝陵司香，则无官矣"⑤。从墓志表述看，郭通去裕陵司香，非上述原因所至，似仅因年老而受命。

3. 出镇云南藩镇

《明武宗实录》载：正德三年（1508）五月"甲子太监李荣传旨以御用监太监郭通镇守金齿腾冲地方"⑥。这与志文所载"正德三年戊辰……公被玺书，出镇云南藩镇，案临金齿、腾冲等处"是一致的。郭通到云南仅一年，就"婴疾不起"，最终卒于此地，也算为明廷"效力摅忠"。值得注意的是，从御用监职掌来看，它与军事的关系不大，但明代从成祖朱棣即位时，已有命宦官随武将出镇边疆"与之偕行，赐公侯服，位诸将上"⑦的事例。武宗时期，因皇帝好武，热衷于宦官内操、巡游边关，故而御用监太监也频繁地承担起军事方面的职能，提督团营、镇守地方之事常见诸各种史料，这也是皇权高度集中的一个表现。

按墓志所述，郭通是一个聪慧勤勉，德能兼备之人。墓志中对其品行多是褒嘉，如说他在护送雍王就藩的往返途中"恤惠军民，下无搔扰"；在云南镇守时"下车问民瘼，兴革利弊，边境晏然"。这些虽为溢美之词，但也证明郭通在任上做过具体事情，且是有益于当地稳定发展的，只是这一表述尚未有其他史料辅佐。如此说来，郭通还算

是宦官中较为贤良之人。

墓志中还提到，郭通在其生前修盖寺院一座，并"疏陈赐额曰永恩"，由行僧圆智住持。他还曾修盖二圣庙宇，续建桥梁，积行善念。究其本因，不过是身为阉人的郭通，也想为自己的来生求得圆满。按例，宦官生前所建寺庵，多为本人死后所葬的坟寺，但墓志中却并未提及。

明代有品级的宦官死后，皇帝会指定人员或由其名下人员给予办理丧葬。通常，皇帝对恩宠的宦官有较丰厚的赐祭。这些在郭通的墓志中皆有明确体现，"上为悼念，遣公门下御马监太监张君通、苏君璋治其丧。赐祭一坛，宝锭半万缗为赙"。

（二）墓志撰书人身份

明代，内官卒后，由其义嗣子侄或同事内官持行状请铭于人。北京内府内官通常由内官监负责丧仪，由翰林院为其撰文。品级高的如司礼监太监或与皇帝关系密切者，则由内阁大学士撰文。参与郭通墓志撰书的有三人，分别是撰文者阎钦、篆盖者柳文、书写者王杲。从三人的品阶官职看，柳文身份最高，为钦差镇守两广总兵官、征蛮将军，且是世袭安远侯。其他两人官阶也不甚高，由此推测，郭通与朝中高阶显官交往不深。

阎钦，生卒年代不详。《陇县志》记载，其字子明，陇州麻坊里人，出身于陇州著名的阎姓进士家族。阎钦于正德三年（1508）考取进士，获戊辰科殿试金榜第三甲第137名同进士出身，后被选为吏部给事中，官阶七品，掌有封驳权。比如皇帝的命令下到部里，给事中就可参加审核，发表意见，此职位是对君权的一个节制。阎钦为郭通撰写墓铭时的身份正是吏科给事中。

后来，阎钦因上疏劝谏武宗临朝理事，遭权贵忌恨，被排挤出朝，任河南兵备道员。明代的兵备道员实际上就是以文官的身份巡查地方军事，兼及巡查民政、财政、学政等。他曾研究诸葛亮"八阵图"，写成《九曲新书》，用以训练战

士，又募义勇修筑城池，严守烽火台，安定了地方。在河南兵备道任上，他还断了不少冤案⑧。

柳文，生年不详，系第四代安远侯。弘治十六年（1503）袭爵。历镇两广、湖广，官至南京右军都督府金书⑨，嘉靖十一年（1532）十二月去世。柳文的安远侯爵位，自其曾祖柳升受封以来，共历九世九代，至明亡而绝⑩。

《明史》中无柳文传，但在其曾祖柳升传中有提道："（第二代安远侯柳薄）孙景嗣，景子文，文子珣，凡三世皆镇两广，有平蛮功。"⑪明人郭非著《粤大记》中记载："正德五年，海寇陈玉良等作乱，安远侯柳文讨平之。……正德六年，海寇李四仔等乱……正德七年，总督右都御史林廷选、安远侯柳文、总督太监潘忠等督讨平。"⑫说明柳文在袭爵期间有平定蛮夷之军功，故在郭通墓志中，柳文的职衔之一便是"征蛮将军"。

王杲，《明史》中有同名姓者，但其籍贯非豫章地，而是汶上人，且正德九年（1514）才中进士，距郭通墓志成书晚四五年。故为郭通书写墓志的王杲无文献记载，其墓志中所提到的征仕郎、直文华殿中书舍人等职务，在明代均为品级很低的文书代办员，主要掌书写诰敕、制诏、银册、铁券等。

二、郭通墓及出土器物

郭通墓志记述其葬地为"顺天府昌平县率勤里留村之原"。 明朝立都北京以后，麻兆庆编《昌平外志》记："明初五十三里社"有"清河社"，域辖"清河里""率勤里""普亨里""太平里"。这与郭通墓发现地清华大学工地是否是一处，尚待考证。因缺少相关的出土发掘报告，对郭通墓的具体墓葬形制不详，亦不知是否被盗掘过。目前，首都博物馆仅收藏少量墓中出土器物，包括：

墓志1合2件：前述不缀。其他出土物有（图二）：

木带板1组：残，无纹饰。

扁圆形金簪顶2件：似是冠簪簪顶，未见簪柄。

金耳挖1支：应为死者生前实用器物。

金叶钱20余片：冥币。应是随葬时垫背之用。

买地券砖1块（图三）：边长50厘米。古代置于墓中的地契。用石、砖、铁、木等刻写。内容是记死者所买墓地的四至、价钱、证人和不许侵占等语。买地券、镇墓文是东汉中后期出现的具有鲜明道教文化特征的随葬文字材料，是一种象

图二 出土木带板 扁圆形金簪顶 金耳挖 金叶钱

图三 郭通买地券砖

征性的证券，放在墓内意在保证死者对墓地的所有权不可侵犯。此砖因文字不清。尚无法断定是否与墓志同期埋葬之物。

按墓志铭载：郭通死后，正德皇帝"赐祭一坛，宝镪半万缗为赙"。如曾随葬，墓中应是有一定数量的珍宝器物，但从实际出土情况来看并非如此。不过，这倒也符合了墓志对郭通的美誉"生平直质，不事华靡"。

三、墓志录文

钦差镇守雲南御用監太監郭公墓誌銘：

賜進士出身、征仕郎、吏科給事中、古岍閣欽撰。

欽差鎮守兩廣總兵官、征蠻將軍、安遠侯金陵柳文篆。

徵仕郎、中書舍人、直文華殿、豫章王杲書。

正德己巳十月二十三日，御用監太監郭公卒于雲南公署，姪男郭鏞，郭鐸，殮如其禮，扶柩返京師葬焉。訃聞，上為悼念，遣公門下御馬監太監張君通、蘇君璋治其喪。賜祭一壇，寶鏹半萬緡為賻，恩亦渥矣。葬期臨，張君復介公之表弟房林，持事狀徵銘納幽，以彰潛德，辭弗獲。按狀：公諱通，姓郭氏，其先江西人。父諱福得，樂善循禮，鄉隱有操。母劉氏，貞淑賢良，恪執婦道，生公。幼而岐嶷穎秀，志意殊常，為里閈所美慕。景泰壬申，簡入掖廷供藝，小心寅畏，範事安詳。天順甲申，選侍乾清宮。本年五月內除長隨，禁直慇懃，夙夜匪懈。成化戊子，升奉御。戊戌，陞酒醋麵局右副使。庚子，轉左副使，益殫乃心，淬勵厥職。癸卯，憲宗皇帝憐其才識之捷，委任是承轉陞御用監左少監僉監事。甲辰，進太監。公愈仰感無涯，益圖裨補于萬一。乙巳，許禁中乘馬。丙午，上察公從事之久，賜蟒衣、玉帶，歲加祿米如其例。弘治己未，孝宗皇帝察公倚舊之臣，且老成練達，命護送雍王之國，往返途陸，恤惠

軍民，下無擾擾，有司德之。甲子，公以耆年，命裕陵神宮監司香。公於事陳，乃興善念，蓋寺一座，疏陳賜額曰永恩，延以行僧圓智而住持之。修蓋二聖廟宇，續建橋樑，以崇報本。正德三年戊辰，今上皇帝軫念勞効中官，公被璽書，出鎮雲南藩鎮，案臨金齒、騰衝等處，下車問民瘼，興革利弊，邊境晏然。己巳，遽爾嬰疾不起，距生正統丙寅三月二十二日，春秋六十有四。墓屬順天府昌平縣率勤里留村之原。窀穸則以是年六月日也。公生平直質，不事華靡，恭忠持己，平恕宅心，示下恤恩，接交孚義，而任中監之官，侍廷有稔，保全始終，榮名令聞者矣。宜銘，銘曰：

卓彼賢公，秀毓靈鍾。才逸江右，簡入禁中。侍我皇明，効力攄忠。寵錫蟒玉，漸被光榮。出守滇南，金齒騰衝。殊方被化，異服尊崇。雲胡不慭，遽爾告終。

國有優典，賜祭與賻。存沒濡恩，泉淵瞑目。若窀若堂，七尺尋有。

媲美伊何，貞石同久。

①《明史》卷七十四《职官三》，中华书局，1974年，第1819页。

②阎钦撰：《钦差镇守云南御用监太监郭公墓志铭》。

③杜婉言：《佞幸：中国宦官与中国政治》，东方出版社，2017年，第96页。

④《明史》卷一百十九《诸王列传四》，第3641页。

⑤沈德符：《万历野获编·补遗》卷一，中华书局，1959年，第815页。

⑥《明武宗实录》卷三十八，中国台北"中研院"史语所校印本，1962年，第904页。

⑦《御批通鉴辑览》卷一〇二。转引自杜婉言：《佞幸：中国宦官与中国政治》，东方出版社，2017年，第211页。

⑧王荣彬等编：《陇县志》卷二十八，陕西人民

出版社，1993年。

⑨《明世宗实录》卷一百二十八，第3055页。

⑩《明史》卷一百六《功臣世表二》第3170页、3171页。

⑪《明史》卷一百五十四《柳升传》，第4238页。

⑫夏水平：《明清粤东石窟河流域的社会变迁与对台湾的移民垦殖》，南昌大学2006年硕士学位论文，第12、13页。

（作者单位：首都博物馆）

北京孔庙藏康熙五十四年八卦纹镏金编钟历史价值探析

张 慧

北京孔庙和国子监博物馆现存一组康熙五十四年（1715）八卦纹镏金编钟，共16枚。该组编钟外形大小相近，圆体，钟体厚重，腰径稍大，下口平齐微收。其造型庄重，大气，体现出清代皇家礼乐器的恢宏庄严，是清代礼乐文化的重要历史见证物（图一）。该组编钟由多个大小不一的钟有规律地排列构成，这些钟的材质相同，但由于钟体厚薄不同导致振动频率不同，故而产生了多种音高。音调丰富，声音清脆明亮。是清代青铜器铸造工艺的结晶，具有重要的历史价值。

编钟的起源、流传历史与中华传统礼乐文明密不可分，更是中国古代冶金、铸造从粗犷向精湛过渡的体现。编钟是中国音乐史的重要见证，是体现先人音乐造诣集大成之作。作为一件乐

图一 康熙五十四年八卦纹鎏金编钟

器，编钟备受统治者推崇，其被用作皇家音乐的演奏并非偶然，而是有着深刻的文化内涵。这种内涵不限于时间与空间，更不局限于民族。青铜自诞生、发展至清代已有数千年的历史，作为一件礼乐器，逐步被赋予了象征国家权力的意义。一件乐器因何受到康熙帝的重视，其文化蕴意值得深入解读。

一、礼乐重器——编钟

"礼"和"乐"是中国古代政治制度的重要组成部分，一度成为统治者在社会政治、经济、文化等方面统治天下的重要手段。"礼"是社会生活中形成的风俗习惯，为大家所遵守；"乐"指与钟鼓相关的乐声，表现为一门艺术。礼修内，乐修外。礼端正人们的外表，乐影响人们的内心。礼使人恭顺，乐使人平和。内心通达而外在恭谨，内外兼修，达到礼乐教化的目的，引导人们的思想，规范人们的行为，让礼乐贯穿始终，这也是因何"礼""乐"并称的原因。

编钟作为礼乐演奏的大型打击乐器，兴起于西周，兴盛于春秋战国至秦汉，被称为古乐器中的瑰宝。编钟不仅仅是一种乐器，更是权

力与地位的象征，是礼乐文化的具象承载物。《周礼》中对编钟的演奏有明确记载："王宫悬，诸侯轩悬，大夫判悬，士特悬。"[1]无论身份显赫的王公贵族举行祭祀，还是日常的宴飨、娱乐等，钟乐都是不可或缺的，演奏时要按严格的等级划分来进行。

"凡为乐器，以十有二律为之数度。"[2]十二律是古代的定音方法。根据此方法将编钟的律名进行了划分：

其法首明黄钟为十二律吕根源，以纵黍横黍定古今尺度。黄钟既定，于是制律吕同径之法，以积实容黍为数，三分损益以核之，黄钟三分损一，下生林钟，林钟三分益一，上生太簇，太簇三分损一，下生南吕，南吕三分益一，上生姑洗，姑洗三分损一，下生应钟，应钟三分益一，上生蕤宾，蕤宾三分损一，上生大吕，大吕三分损一，下生夷则，夷则三分益一，上生夹钟，夹钟三分损一，下生无射，无射三分益一，上生仲吕。又倍之，自蕤宾以下至应钟，半之，自黄钟以下至仲吕，皆六。不用京房变律之说，定宫声在黄钟、大吕之间。[3]

按照《清史稿》中的这段记载，编钟音高以黄钟律为标准音，以纵黍横黍为古今尺度，按照"三分损益法"将编钟分为阴阳两类，凡属奇数的六律称阳律，又称"律"；属偶数的六律称阴律，又称"吕"，故十二律又简称"律吕"。阳律有黄钟、太簇、姑洗、蕤宾、夷则、无射；阴律有大吕、夹钟、仲吕、林钟、南吕、应钟。所谓"三分损益法"，即为古代中国发明制定音律时所用的生律法。是根据某一标准音的管长或弦长，推算其余一系列音律的管长或弦长，并依照一定的长度比例（即三分损益法提供了一种长度比例的准则），将一个八度分为十二个不完全相等的半音的一种律制。

《文献通考》中对编钟各部分的名称有详尽说明："《周礼》所谓编钟是也。钟体之别五：铣、于、鼓、钲、舞是也。

钟柄之别二：甬、衡是也。衡上有旋，旋饰有虫。"[4]整体编钟是由铣间、舞修、鼓间等部分构成的（图二）。

据《清史稿》记载："编钟之制，以十六钟为一架，阳律八为一悬，在上；阴律八为一悬，在下。"[5]16枚编钟悬挂在同一个架子上，分为上、下两层，8枚阳律悬挂在架子上层，8枚阴律悬挂在架子下层。按《隋书》的记载，编钟"小钟也，各应律吕，大小以次，编而悬之。上下皆八，合十六钟，悬于一簨虡"[6]。编钟是通过击槌的击打而发出声音，不同材质、不同大小、软硬不同的击槌对于音色、音质有着重要的影响。编钟的铸造原料为青铜合金，其声音清晰，具有鲜明的金属性音质。由大小不同的钟按照音调高低的次序排列起来，悬挂于一个巨大的钟架之上，依照音谱，用"丁"字形的木槌和长形的棒分别敲打铜钟，即可演奏出悠

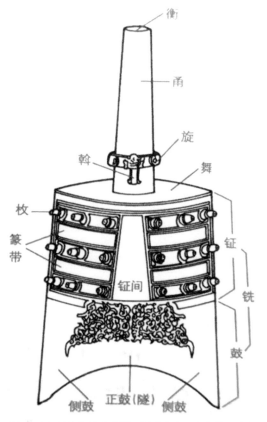

图二 青铜钟各部位名称图（图片选自王力主编：《中国古代文化常识》，北京联合出版公司，2014年）

扬、动听的乐曲。

二、金声玉振——北京孔庙编钟古今

清廷尊儒重礼，以《礼记》为蓝本设计了用于祭祀天地、社稷、宗庙等及朝会、宴飨、命将出师、临殿策士等盛会的礼仪乐器。典礼之日，由内廷和声署悬乐，演奏"中和韶乐"。《清史稿》载："李光地为文渊阁大学士，以因上言曰：'礼乐不可斯须去身，亦不可以一日不行于天下。自汉以来，礼乐崩坏，不合于三代之意者二千余年，而乐尤甚。'"⑦

礼乐最为重要的文化内核，在于以"乐"的形式对人心进行教化。自周代礼乐制度施行直至清代，早已融入到民族文化之中，故所谓"亦不可以一日不行于天下"⑧。自汉代以来，礼乐文化已不合乎人们的意愿，让人担忧，而"乐"之不传甚矣，实属文化之遗憾。故而"帝重违臣下请，五十二年，遂诏修律吕诸书，于蒙养斋立馆，求海内畅晓乐律者，光地荐景州魏廷珍、宁国梅成、交河王兰生任编纂。遇有疑义，亲临决焉"⑨。如此大规模地颁诏"修律吕诸书"，实则是清代统治者对于汉文化的接纳与融合的意愿。

清代镈钟的制造，具有重要的意义。镈钟在汉以来的隋、唐、宋、金、元各史乐志中均有记载，唯明代乐悬未具，致使历朝礼乐中的重器沿袭出现中断。直至清代，这一缺憾才补上。

《清史稿》记载："（康熙）五十四年，改造圜丘坛，金钟玉磬，各十有六。五十五年，颁中和韶乐于直省文庙。初，乐章既改用'平'，而直省仍沿用'和'，至是从礼部请，始颁行焉"⑩。根据《清史稿》的记载，虽然天坛应曾被颁赐编钟一组，但时至今日可供观众近距离欣赏的编钟只有北京孔庙一组。演奏时，依乐谱敲击，即可发出连贯的旋律。由于这组编钟保存较完好，器型圆润，故

仍有可以准确敲击演奏的可能性。

清代编钟钟体大小相近。编钟钟壁依次由厚及薄，奇数为律，偶数为吕，六律、六吕组成十二律吕，也即今天西方音乐体系中所谓的一个八度。

北京孔庙所藏编钟原为首都博物馆旧藏，于2005年拨交给孔庙和国子监博物馆，为馆藏一级文物。该编钟应为清朝礼乐中最重要的乐器之一，制造于清康熙五十四年，一组共16枚，铸铜鎏金，器型完好。北京孔庙现存的整组编钟与文献记载相符，共计16枚，依律名分为：黄钟、大吕、太簇、夹钟、姑洗、仲吕、蕤宾、林钟、夷则、南吕、无射、应钟、倍夷则、倍南吕、倍无射、倍应钟。

《钦定国子监志》中对这套编钟的规制及钟架的形制有详细记载：

范金为之，十六枚同虡。应十二正律、四倍律。阴阳各八，以厚薄为次，薄者声浊，厚者声清。纽为双龙，中为云龙文。近唇如满月者六，以受声。形制皆同，高七寸四分四厘九毫，中径七寸一分四厘六毫，上、下径皆五寸三厘九毫。前镌"康熙五十四年制"。后各镌律名。簨虡皆涂金，通高九尺，中横为三簨。上簨左右刻龙首，阔一丈；中、下二簨俱阔六尺四寸，高三寸五分，刻朵云各八，下垂金钩以悬钟。上业镂云龙文，高七寸四分，下业镂山水形，高二寸五分。虡高六尺四寸，阔四寸一分，厚如之，承以五采。伏狮高一尺六分。下为跌，纵二尺四寸，横一尺，高如之。跌上垣高三寸，镂山水形。上簨脊树金鐕五，味衔五采流苏，龙首亦如之，垂至跌焉。⑪

通过这段记载，该编钟的真实性及传世价值得以确认，做到了史料与传世品相佐证。礼乐的规格是通过品数表现出来的，主要体现在乐县的数量上。乐县的"县"指悬挂乐器的架子，悬挂钟的称钟县，悬挂磬的称磬县。乐县规格可通过钟架、磬架的数量来判断。古人将乐县架子两头的立柱称为虡，中间的横杆名为簨，

有时也以簨或虡代指乐架。

整组编钟16枚采用十二正律、四倍律的方法，将编钟分为阳律、阴律各8枚，阳律有黄钟、太簇、姑洗、蕤宾、夷则、无射、倍夷则、倍无射；阴律有大吕、夹钟、中吕、林钟、南吕、应钟、倍南吕、倍应钟。其中所谓的"倍"即倍律，为古音乐术语，指所对应的十二律弦长的翻倍，在演奏中对应现代音乐术语中的低八度。

钟体铜铸鎏金，钟身雕刻精美。舞平，钟纽为五爪双头蒲牢纽，呈弓身状，纽孔设在正中，用以悬挂。龙头相对，龙身相缠。五官雕刻精细，龙首昂起，似吼状，神采奕奕，龙眼略显长形，眼球外突。龙发披向后上方，有如"乘风破浪"一般，势不可当。龙口大张，牙齿锋利且排列整齐，龙鳞细密似突起状，光影细腻，活灵活现，四肢孔武有力且紧扣钟顶。钟体呈椭圆形，浑圆、饱满、庄重威严。两侧对称饰有浮雕云龙纹，鼓腹收口，近唇饰有六个圆饼状音乳，用以敲击发出声音，壁薄者发音低沉，壁厚者则发音清脆。舞部以钟纽为界，钟腹两边各饰

图三 编钟钟体局部

有六道弦纹，将鼓部分割成五个平行框带，四个区，从上至下，第一、三、五栏内饰三个一组的乳钉状"音枚"，共计36枚；第二、四栏内饰八卦纹；钟体两面正中分刻楷书"康熙五十四年制"款和"律名"；款及律名上方均饰有太极图，下饰

表一 "康熙五十四年制"编钟的具体参数

序号	律名	通高（厘米）	口径（厘米）	底径（厘米）	重量（克）
1	黄钟	31	17.2	17.6	2290
2	大吕	31	17	17.6	2400
3	太簇	30.5	17.1	17.3	1900
4	夹钟	31	16.9	17	2590
5	姑洗	30.5	17.2	17.2	2360
6	仲吕	31	17.1	17.6	2650
7	蕤宾	31	17.2	17.5	2680
8	林钟	30.5	17.3	17.5	2830
9	夷则	31	16.9	17.3	2760
10	南吕	31	16.9	17.1	2680
11	无射	31	17.1	17.4	2910
12	应钟	31	17.1	17.5	3080
13	倍夷则	30.5	16.9	17.4	1850
14	倍南吕	31	17.1	17.5	2050
15	倍无射	30.5	17.1	17.5	2110
16	倍应钟	31	17.1	17.6	2220

一爻，以阴阳爻区分该钟律吕（图三）。此套编钟除鎏金略有磨损外，保存完好。其造型精美，装饰典雅，展现了清代青铜铸造的极高水平和制作工艺，为研究清朝礼乐器提供了丰富的历史资料，具有重要历史价值和艺术价值。

作为中和韶乐的主要演奏乐器，作乐时，当镈钟击响后，敲击编钟一下，以宣其声。此钟一组16枚，大小相近，以厚薄调音，厚者音高，薄者音低。这种钟余振时间短，便于演奏旋律和发声。

从表一中可以看出，编钟一钟一律，最重的一枚名为应钟，重3080克，最轻的一枚为倍夷则，重1850克，整组编钟造型一致，端庄厚重，通体鎏金，辉煌富丽。通过此表可探，各枚编钟大小相似，而重量差别巨大，其差别的产生正是由于厚度差异所导致，而音高的不同亦由是产生。

三、弘扬编钟盛世之音

编钟作为一件古老的乐器，其庄重优雅的器型、恢宏瑰丽的形制，注定超越其作为乐器的文化内核。编钟体现出中国古代乐师及工匠精湛的铸造技艺，其音律的完整性在世界音乐史上极为罕见。其包含的十二律吕与如今西方音乐体系中的"八度"音程完全吻合，甚至以其16枚一组的编制可涵盖超过一个八度的音高。这在世界音乐史上也是极富光彩的，是先人高超造诣的完美诠释。

北京孔庙藏御赐康熙五十四年八卦纹鎏金编钟的价值，绝不仅仅在于皇家御用、帝王敕造。其深层文化内涵，在于其体现了清朝统治者在治理天下的过程中，对于汉文化的传习与推崇，更是康熙皇帝开放包容心态的体现。如是说，康乾盛世的产生不仅是经济发展下的产物，更是三代帝王对文化的传承、弘扬。对于孔子及儒家学说的推崇，是跨越时空与民族的，这也是儒家文化具有向善性的表现。北京孔庙保存了大量的祭祀文物，鎏金编钟就

是其中之一，其声音清脆、悠扬，无论制作年代、工艺、器型及精美程度都完美诠释了皇家风范。

几千年来，编钟作为不朽的文化遗产，承载并见证着中国悠久的历史文化，它融合了历史、音乐、礼仪教化等文化史，以及冶炼技术、铸造技艺等科技史的发展进程于一身，是青铜文明之重器。而如何保存、利用好这一组编钟，使之在新时代能够发挥更深远的教化内涵，是当下文保工作者亟待探索的工作方向。收藏是为了更好地利用，博物馆的价值在于实现对馆藏文物的深入挖掘和成果转化，更好地服务于观众。

对于北京孔庙藏康熙五十四年八卦纹鎏金编钟而言，从藏品认知的角度，在编钟展出的过程中，要依照其演奏中应有的乐律，正确悬挂每一枚编钟，使其符合演奏的需求，从而在展陈过程中还原历史原貌；从藏品利用的角度，笔者认为：其一，可借鉴湖北省博物馆的经验，将整组编钟进行复制，并将复制品出展，馆藏珍品回库妥善保存。如此可避免在裸露环境下，水蒸气、灰尘及其他有害物对文物的侵蚀。这既对文物进行了保护，又可让观众近距离聆听恢宏、典雅的中和韶乐，身临其境感受到儒家"大乐与天地同和"的礼乐文化，真正做到"让收藏在博物馆里的文物、陈列在广阔大地上的遗产、书写在古籍里的文字都活起来"。实现文物的价值转化，也是时代赋予我们的责任。

其二，更好为展览及社教工作服务。展陈及社教工作作为博物馆文化输出的窗口，需要与时俱进。通过深挖编钟的历史、文化价值，更好服务于展陈与社教工作，将编钟的文化内核深入浅出地传递给观众。随着观众知识结构、人员构成、兴趣爱好等方面的不同，现有的展陈模式已不适应观众日益增长的文化需求，因此需要在展陈的设计理念、技术手段和展览模式上推陈出新，最大限度满足不同观众群体的需求。而文物精品展、特色展、复原

展等均离不开藏品支持。编钟作为镇馆之宝，不但可以用于原状陈列，也可以作为祭孔精品文物展之重器进行展出，实现专题陈列。同时利用复制品进行演奏，可作为我馆一种新的藏品展陈方式，更大程度实现寓教于乐，将观众的理性认知与感性认知相结合，让编钟"余韵"留在观众记忆中。

其三，探索藏品多维度的利用。当下博物馆工作重心已从"保"向"用"转移。妥善保管是文物安全的底线，但文物"活"起来要依靠合理开发利用。北京孔庙藏康熙五十四年八卦纹鎏金编钟所蕴含的文化"密码"有着深度发掘的空间，其众多文化元素都有可加以提炼的可能性，如其器型、云龙纹、鎏金八卦纹、龙纽等，将这些文化元素提炼至文创产品的开发中去，将会让观众在参观之后仍可以感受到文物就在我们身边。"跨界"是当下热点，而"跨界"带来的碰撞会迸发新的活力，老文物、新文创，这就是博物馆跨界所产生的新的文化碰撞。这也将大大拓宽博物馆人的思维，多维度拓展博物馆的边界，让历史更有温度。

"保"是初心，"用"是探索。对编钟的解读与探秘，将思考转化到对其的保护及利用中，目的在于让几千年的古乐器重新发出悦耳的声音，让金声玉振再现昔日辉煌，彰显大成礼乐神韵之美。

---

①②钱玄、钱兴奇等注译：《周礼·春官·大司乐》，岳麓书社，2001年。

③⑤⑦⑧⑨⑩《清史稿》卷九十四，中华书局，1977年。

④[宋]马端临：《文献通考》卷一百三十四，浙江古籍出版社，2000年。

⑥《隋书》卷十五，中华书局，1997年。

⑪[清]文庆、李宗昉等：《钦定国子监志》，北京古籍出版社，2000年。

（作者单位：孔庙和国子监博物馆）

按图索骥

——徐悲鸿两幅"相马"题材画作所涉民国教育史实钩沉

杜永梅

徐悲鸿一生，曾多次以"相马"类题材入画，如《伯乐相马图》《九方皋》等。徐悲鸿纪念馆藏有他作于1931年的一幅《九方皋》，该幅就题有"七次写此"字样。该类题材的系列画作，徐悲鸿自己颇为满意，1939年他在新加坡的《星洲日报》发表《历史画之困难——答陈振夏先生》一文中就曾讲道："拙作较成功者，至今尚以《九方皋》为第一，惜知音不多。"[①]而这一系列的作品，徐悲鸿多赠予他人。笔者在检索这批作品的保存情况过程中，发现其中两幅的创作与赠予，涉及了民国时期教育发展情况，现略作钩沉，就教于方家。

一、"石曾先生雅教"大学院制下徐悲鸿的掌校生涯

2020年初南京博物院策划了"仰之弥高——二十世纪中国画大家"展，其中收入了原收藏于天津博物院的一幅《九方皋》（图一），该幅画作是徐悲鸿于1928年赠予民国"四大元老"之一李石曾的。

"九方皋"之说出自《列子·说符》，内容为伯乐向秦穆公推荐同样擅长相马的九方皋，而九方皋也不负伯乐看重，果然为秦穆公觅得千里驹。徐悲鸿因何对这一题材如此着意，我们有必要将这段故事全文引述如下：

秦穆公谓伯乐曰："子之年长矣，子姓有可使求马者乎？"伯乐对曰："良马可形容筋骨相也。天下之马者，若灭若没，若亡若失，若此者绝尘弭辙。臣之子皆下才也，可告以良马，不可告以天下之马也。"臣有所与共担缠薪菜者，有九方皋，此其于马，非臣之下也。请见之。穆公见之，使行求马。三月而反，报曰："已得之矣，在沙丘。"穆公曰："何马也？"曰："牝而黄。"使人往取之，牡而骊。穆公不说，召伯乐而谓之曰："败

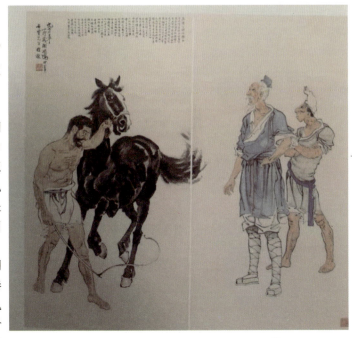

图一 天津博物院藏《九方皋》（1928年）[②]

矣，子所使求马者！色物、牝牡尚弗能知，又何马之能知也？"伯乐喟然太息曰："一至于此乎！是乃其所以千万臣而无数者也。若皋之所观，天机也，得其精而忘其粗，在其内而忘其外；见其所见，不见其所不见；视其所视，而遗其所不视。若皋之相者，乃有贵乎马者也。"马至，果天下之马也。

对于这段文字，我们可做三个层次的理解，一是伯乐对九方皋的举荐，体现的是伯乐选人的眼光；二是九方皋果然不负伯乐的看重，确是相马的良才，体现的是九方皋相马的眼光；三是真正的千里驹又岂能以外表所见来判定，通过伯乐对秦穆公的答复，道出了为何"千里马常有，而伯乐不常有"这其中的究竟。

读过这段文字，再来看徐悲鸿此番赠画之举，当有以"画"作为"敲门砖"的自荐之意。从时间节点来看，该幅作品的创作恰逢徐悲鸿八年留法结束归国，此时他的"改良中国画"的主张已经有了坚实的西画学习根基而获得了落地的资本，找到这个"地"，应该是他创作"九方皋"作品最直接的原因。

据王震先生《徐悲鸿年谱长编》记载，此图高172厘米，宽184厘米，为两张相接。画面左边画一人一马，马前蹄腾起，昂首嘶鸣，以墨块凸显马匹肌肉隆凸的样貌。旁站一人为牵马者，左手持缰，右手执鞭。右边站立一老一少，老者应为九方皋。左上角题："九方皋，乙卯岁阑，悲鸿写奉石曾先生雅教。"右下角题："尊德行，崇文学，致广大，尽精微，极高明，道中庸。"[③]而此次展览中提供的画幅尺寸与王震先生所言略有出入，为纸本设色，纵175厘米，横190厘米，题款言及的创作时间也有不同，我们当以展览亲见为准。此次展出的作品，题款时间为"丁卯岁阑"，丁卯年岁末，已经是1928年年初了。这幅作品曾经发表在《艺风》杂志1934年卷2第6期上。此时徐悲鸿画马技艺已渐具特色，白额提亮这一

特征已甚为明显。

1. 李石曾其人

李石曾（1881—1973），名煜瀛，字石曾，河北高阳县人，晚清重臣李鸿藻之子。

李石曾生逢晚清政局风雨飘摇之际，目睹了清廷日益成为列强"刀下鱼肉"的过程。1900年，八国联军入侵北京，李石曾随家人离京南下赴沪。1902年以公使随从身份赴法，1900年，加入中国同盟会巴黎分会，并在《新世纪》周刊上，用"真"或"真民"为署名发文，反对帝国主义，介绍各国革命浪潮。该刊由张静江出资创办，在留欧学生中影响很大。

李石曾于1911年回国，之后尚有多次较长时间留驻法国的机会。正是这长达十几年的法国学习、生活经历，使得李石曾对西方的经济政策、政治制度、社会思想有了全面的认识。在此期间，他已留意于勤工俭学活动。

1924年，国民党第一次全国代表大会上，李石曾和吴稚晖被选为中央监察委员。1926年，张静江、蔡元培也当选为该委委员。1927年蒋介石集团"清党"，在与汪精卫为首的武汉国民政府争夺政权过程中，李、张、吴、蔡支持蒋介石，成为后来的民国"四大元老"。但李石曾本人，却并不好政治操弄，终其一生，都过得极为简朴。尤其是故宫博物院的成立，李石曾更是主要功臣。1924年10月，冯玉祥进军北京后，将溥仪驱逐出宫，李石曾出任办理清室善后委员会委员长，积极筹备清点事宜，通过了点查清宫物件规则十八条，确保了皇家宫苑私藏向公共艺术博物馆的转变。抗战爆发后，李石曾通过自己国外留学生活积累的各种资源，向国际社会呼吁，从舆论上讨伐日本侵略者。

李石曾一生，都和国家命运起伏相随，在现代史政治史上参与度不低。但他一生最着意者，莫过于社会教育。由他开创的留法勤工俭学运动，成为了当时一代中国人改变家国命运的契机。而他与吴稚晖、蔡元培一道倡议的大学院与大学区制

度，虽可说落地即遭坎坷之命运，最终以失败而告终，但这一制度，却是我国高等教育发展史上一次非常重要的尝试，其想法之先进、实行过程中之艰难，都值得认真总结。也正是在此制度实行期间，李石曾与徐悲鸿有了最重要的一次接触。

2. 李石曾与徐悲鸿的交往

徐悲鸿与李石曾的初识，据笔者查阅文献资料，最早的记录是1918年徐悲鸿在北大画法研究会任导师期间。正是在此期间，徐悲鸿与同在研究会任教的李石曾相熟。之后，李石曾致力于推动勤工俭学事业，为此，创立孔德学校，邀徐悲鸿做义务美术教师④，蒋碧微曾去教授音乐⑤。

1927年徐悲鸿第二次往新加坡筹措旅费期间，因蒋碧微怀孕，最终决定将所得费用以为回国安家之用。之后，便彻底结束了自己的留学历程，1927年8月末，直接从新加坡乘船回国。正是在回程的船上，徐悲鸿与李石曾重逢，并专门为其绘素描像（图二），题曰："丁卯中秋写石曾先生于中国海舟次。"⑥

徐悲鸿回国后，最初定居在上海。据蒋碧微回忆，"这时徐先生拜见二位长

图二 徐悲鸿纪念馆藏李石曾头像素描（1927年）

图三 徐悲鸿纪念馆藏张静江头像素描

者（注：李石曾、吴稚晖），李先生就以世界社的名义，聘请徐先生为几位元老绘像。前后花费了一两个月的时间，徐先生为吴老先生、张溥泉先生和张静江先生夫妇画了四幅画像，每幅得到两百元的报酬"⑦。为张静江所作素描像（图三），题云："丁卯初冬写静江先生"⑧。

应该就在这时，徐悲鸿创作了第一张《九方皋相马图》，送给李石曾。

3. 筋疲力竭尚难满学生希望——北平大学区时代徐悲鸿的掌校生涯

徐悲鸿与李石曾最值得提起的交往，就是1928年底徐悲鸿受李石曾邀请，出任北平大学艺术学院院长。但徐悲鸿的这次任职，可以说是兴冲冲而来，败兴而归。这一结局，表面看来是徐悲鸿提出的将"艺术学院"改名为"美术学院"引起学生不满，但更深层次的原因，却可视作当时国民党推行大学院与大学区制失败的先声。

1927年国民党定都南京后，李石曾与吴稚晖、蔡元培一起筹划以大学院制代

替教育部。所谓大学院和大学区制，就是在中央设立大学院，统一领导全国的教育和学术事业，并将全国划分为若干大学区，每一区设一所大学来管理全区的教育文化事业。最初决定试行于江苏、浙江两省，广东缓行⑨。事实上广东一直没有真正实行。1928年8月16日，大学委员会又设立"北平大学区"，由李石曾出任北平大学校长。但北平分会直到11月10日才正式通过北平大学教育行政院规程。将国立九校（北京大学、师范大学、女子师范大学、工业大学、农业大学、法政大学、医科大学、女子大学、艺术专科学校。这九所学校都由教育部拨款，故有"国立"之称），连同外交部俄文法政专门学校、天津北洋大学、保定河北大学等改组为十个学院、一个专修馆及文理两预科⑩。11月，经南京国民政府修订，北平大学改组为十一个学院⑪。徐悲鸿接受李石曾邀请，出任其中的艺术学院院长一职。

大学院和大学区制推行的目的在于用"教育学术化"来改变"教育官僚化"。但在实际推行过程中，却成了国民党内各派别互相倾轧的工具，加之每一大学区内设一所大学来统领本学区的教育文化事业，就极易导致大学与中小学在经费上的争夺。而这所大学还要合并诸多学校形成巨无霸，如北平大学，不仅合并诸多学校，还涉及了当时的天津、河北、热河等地的学校，更是矛盾重重。可以说，这一制度从实行伊始，就学潮不断。从中央大学学生学潮，到北平大学学生为恢复"北京大学"称呼而不断爆发的学潮，几无一日安宁。1928年11月29日，北平大学学生500余人手持"反对大学区制""北大独立"等旗帜，大举游行示威，并捣毁北平大学办事处，砸碎"北平大学办公处"和"北平大学委员会"两个牌子⑫。

1928年10月，国民政府正式下令取消大学院，改设教育部，大学区制随之名存实亡。1929年6月19日，国民党三届二中全会决议由教育部定期停止试行大学区制。

8月6日，南京国民政府行政院会议通过教育部关于更改北平大学院名称，恢复北京大学、师范大学等案。北大学院独立，仍称国立北京大学，第一师范学院独立，改称国立北平师范大学，第二工学院独立，改称国立北洋工学院，艺术学院独立，改为国立艺术专科学校。旋将附属中学、附属小学划归国立北平师范大学管辖，并令北平大学各学院院长转任副校长⑬。自此，北平大学区不复存在。

通过以上分析，不难看出，徐悲鸿当时接受李石曾的邀请，执掌北平大学艺术学院，从这一决定伊始，他就已经陷入了无尽的麻烦中。此时的北平大学艺术学院，因国民政府大学区制推行过程中的重重问题，引发了北大学生以恢复学校为名的大力抵制，而李石曾恰恰是大学区制的坚定推行者，同时也是北平大学的校长。徐悲鸿受到波及，几乎是不可避免。

当时的报章对徐悲鸿任职一事有相关报道。我们也可以从他与友人的信件往来中寻觅徐悲鸿这次任职的具体情况。

1928年10月，徐悲鸿接到李石曾的邀请，11月14日，徐悲鸿抵平向北平大学报到。15日，正式接任艺术学院院长之职。11月21日（十月初十）致冯武越一函⑭：

弟此次弄假成真，遂长艺院。自维浅陋，愧何待言！乃蒙奖饰，其阿好之过耶？拙作皆存沪寓，此次仅携小幅数纸，聊呈一二，以寄远思。明春将携眷来平，尊状在仲子兄处询悉，佳善，想著述宏富，文祺畅茂，优雅纳滞等论于尺幅，为社针砭也。

此次徐悲鸿北上掌校，仅历经三个月，中间尚有农历春节。但就是在这三个月期间，徐悲鸿已向王个簃、黄宾虹、陈子奋等人发出邀请，同时"三请齐白石"到校任教。

有关徐悲鸿1928年底到1929年初就任北平大学艺术学院院长一事，当时的《北平日报》多有报道。与徐悲鸿的短暂任期相伴随出现在报纸上的，就是此起彼伏的学生请愿活动：

1928年12月23日第4版

徐悲鸿请改设美术学院向大学委员分会提出议案并请拨瀛台全部做美术馆

1928年12月25日第4版

北平大学昨开校务会议校旗校徽由徐悲鸿设计本学期学费仍照章征收

1929年1月19日第4版

徐悲鸿辞艺术院长筋疲力竭尚难满学生希望

1929年1月24日第4版

徐悲鸿辞职原呈为办事棘手

当时的北平大学艺术学院设立有中西画系各两班，戏剧、音乐、图案三系各两班，全院共有学生200余人。徐悲鸿到任后，除积极筹设建筑、雕刻两系外，又认为艺术学院名称不妥，于同年12月23日，向北平大学委员会分会提出意见，请求改为美术学院。他从艺的本义出发，认为"艺"指致用之学，属于百工技巧一类。"艺字之义，在古训为致用之学，如六艺包含礼乐射御书数。游于艺者，亦别于道，于德于仁之蕴衍于中之天性而言，故训艺为业，亦无不可。"又举出国外诸多美术院校之名，皆以"美术"冠之，为自己的提议张目。"名不正，不特言不顺，即精神亦有背谬之虞。夫一国最高学术机关，且不能自正其名，得毋贻讥于世之大雅君子。用敢疏解本末，恳贵会付议纠正，俾资率从，实为学术前途之幸。"[15]现在看来，徐悲鸿对于"艺"的理解不免偏狭，但他对于美术作品应有其"style"，意即"风格"，这一点却是一语中的。但当时的学生在请愿中认为徐悲鸿这一提议有将音乐、戏剧系分离出去的企图，遂于29日向徐悲鸿提出如下要求："一、财务公开，十一月及十二月份之收支各费用，续于本月底公布之；二、反对改'艺术学院'为'美术学院'；三、续招新生，本会推举代表协同教职员组织招生委员会，以防流弊，须准以前落第学生覆试。"[16]1929年1月18日，徐悲鸿在艺术学院学生召集的大会上，正式提出

辞职[17]，1月22日，学生提出由北平大学副校长李书华代理艺术院院长[18]，1929年1月24日，《北平日报》登载了徐悲鸿的辞呈原文："呈为办事棘手，恳请卸职事，窃悲鸿自承长院之命，满提勉竭驽钝，于艺术教育有所发扬，无外汲深绳短，力不从心，诸各院址之扩充，经费之增加，均非仓卒间能谋其实现者，少数学生竟引为口实，鼓动风潮，而且造为捕风捉影之谈，恣意攻讦，悲鸿纵自有人格，不容污蔑，然而掣肘频仍，良虞莠越，以研究艺术之最高学府，竟有如此铸张为幼，自忘其使命之学生，劫持其间，悲鸿严迪无术，口击心，操之过急，则风潮鼓动，或至影响于全体生徒学业，曲予纵容，不加取缔，悲鸿又何以自对良心，思忖再四，唯有恳请准予卸职，籍避贤路，实为公使，谨呈北京大学校长李（石曾）、副校长李（书华），艺术院院长徐悲鸿。"[19]《北平日报》1929年2月2日第4版即登载了"徐悲鸿辞职已照准"的消息。

二、"赠钟品梅《伯乐相马图》"民国边疆教育举措管窥

有关"相马"题材画作的创作情况，尚有其他记载值得勾勒，那就是1942年徐悲鸿在云南的艺术生活。在此期间，徐悲鸿再作《九方皋》，而此次的赠予，牵出了国民党建都南京后推行的边疆教育举措。

1. 徐悲鸿在云南

1939—1942年，徐悲鸿旅居印度、新加坡、马来西亚等地，举办画展以为抗战筹款。1941年11月，徐悲鸿受美国援华总会邀请，正欲赴美举办画展。但就在赴美前夕，日军偷袭珍珠港，时局骤变，赴美计划落空，徐悲鸿只得匆匆取道缅甸回国。1942年春到达保山，略作休息后，到达大理，并在大理停留月余。正是在大理期间，他又有"九方皋"相关题材的创作，"给国立师范校长钟品梅画《伯乐相马》，赠李世祥《九方皋》《马》二

幅"[20]。遗憾的是，笔者并没有找到画作的具体收藏情况，只能将当时创作的人事略作勾连，以确保文章内容的完整。

2009年云南省博物馆联合广西省博物馆举办了"徐悲鸿——留在云贵高原的艺术足迹"展，集中展出了两馆收藏的徐悲鸿画作。通过这些画作及相关研究文章，我们可以大略看出徐悲鸿当时在云南的生活、创作及画展举办等情况[21]。在大理期间，徐悲鸿受到老朋友赵诚伯的热情款待。赵诚伯住处院内花木葱茏，时有松鼠出没。赵诚伯就捉了松鼠为徐悲鸿的《松鼠图》做"模特"，作品题记中记载了此中乐趣："大理军署为杜文秀帅府，岁壬午诚伯长兄驻节于此庭后，此物特多，生擒其一充我画材，既竟放之，亦快事也，悲鸿并记。"分别后，徐悲鸿还赠赵诚伯诗一首，怀念在大理的情景："风流儒雅赵使君，文章屈宋与争衡。苍山之下杜王府，剪烛倾谈罢不能。"

2. 从中央政治学校大理分校到大理国立师范学校

这里我们有必要追述大理国立师范学校的具体情况，便于我们了解徐悲鸿因何再作《九方皋》。

大理国立师范学校的前身为国民党创立的中央政治学校大理分校。这所学校的设立是国民党建都南京后积极推行边疆教育的结果。

国民党政府定都南京后，经过第二次北伐，实现了国家在形式上的统一，加强边疆地区的向心力，成为当时国民政府极为重要的任务。为此，首先在热河、察哈尔、绥远、宁夏、青海、西康等特别区改建行省。随之确立了"以实行发展教育为入手办法"的边疆开发政策。时任中央政校蒙藏学校主任的何玉书就认为："将来无论为推行政治、开发西北、军固国防，均非从边省教育着手不可。益以边疆幅员广阔……非谋统一民族意志及树立中心思想不可。而统一民族意志、树立中心思想，仍非赖教育之力不为功。"[22]通过设立边疆学校，推进边疆教育，来制衡地方势力、应对列强对边疆地区的觊觎，在这一政策指导下，近期目标是委托中央政治学校设立蒙藏特别班、蒙藏学校[23]；远期目标则是利用国家财政划拨的党务费、教育费等，在张家口、兰州、宁夏、迪化、伊犁、丽江等边疆各省要地设立中央政治学校分校[24]。而最终随着时局的发展，尤其是抗战局势的变化，历经1934—1939年，最终设立的是中央政治学校包头、肃州、西宁、康定、大理五分校，形成一总校五分校格局。

大理分校筹建最晚。1937年冬，中央政校请教育系主任汪懋祖赴滇筹备，经过考察与接洽，最终选定大理城北东岳庙为校址，1938年夏校舍改建基本完成，1939年春招录简师一班、初中两班、初级实用职业一班，学生160余人，3月下旬开学[25]。

从这五处地点的选择，不难看出当时国民党政府筹建的中央政校五分校，均设于边疆要塞，就是要加强边疆地区向心力，巩固与建设多民族统一国家，培植中央势力以制衡地方势力，应对列强对边疆地区的觊觎。从中央政治学校的设立到各分校的建设，都贯穿了国民党训政时期思想，中央政治学校的前身，就是1927年国民党建都南京后，当年8月开办的"国民党中央党务学校"，该校用以专门培养基层党务干部。1929年6月，该校改组为"国民党中央政治学校"（简称"中央政校"），校长为蒋介石，丁惟芬、余井塘、吴挹峰分任教育、教务、总务主任，并与胡汉民、戴季陶、陈果夫、邵力子、罗家伦等人组成校务委员会。据戴季陶讲，国民党中央委托开办西康班"大概有两个意义"，那就是"建设国家与建设地方"，最重要的先决条件"就是要各位的思想意志统一，所信仰的主义必须统一"，其次要求得实际知识的补充，"把书本上的知识求社会实际事务有互相贯通"，以便回籍"做思想上知识上开荒的工作"[26]。但也不能否认，这一政策的推行对于边疆地区教育发展具有积极作用。

大理分校向国立大理师范学校的转变是在1940年前后。鉴于党务与教育事务重叠导致各校官僚做派蔓延，经费来源时有不继的弊端，时任中央政治学校校长的蒋介石批示"党不能办职业学校，学校应交由教育部直接领导，经费由教育部会计处拨发"[27]。中央组织部及中央政校所办各校均于1940年后移交教育部接办。据记载，教育部1939年12月奉令接办康定分校，更名国立康定师范，1940年2月接办西宁分校，更名国立西宁师范，1941年8月接办边疆学校、肃州分校，更名国立边疆学校、国立肃州师范，10月接办大理分校，更名国立大理师范[28]。

3. 钟品梅其人

关于大理国立师范学校校长钟品梅，笔者查阅了当时《政治学校校刊》《益世报》《云南日报》等报纸杂志，认为就是当时的国立大理师范学校校长钟志鹏（1941—1945年间在任）。

钟志鹏（1909—1997），广东梅州兴宁城镇人。在兴宁县兴民中学读书期间，就与罗志渊等组织"读书会"。1924年冬钟志鹏毕业后，考入国民党中央党校。1932年，淞沪抗战期间，沪、宁各大学相继停课，钟志鹏与罗晋淮等回乡创办兴宁《时事日报》宣传抗日救亡。次年夏钟志鹏毕业后，历任安徽涡阳县教育局局长、广东省教育厅督学、四川三台高级中学校长、国立云南大理师范学校校长（1941—1945）、中央通讯社贵阳分社总编辑等职。抗战胜利后，任广州市党部委员，创办《革新评论》。1949年夏，携全家赴香港，随后应邀前往马来西亚沙捞越的诗巫。1952年，出任该地华侨学校校长。1956年，调往美里中学任校长。他深感当地华侨、华裔及其子女对祖国历史文化多茫然无知，于是提倡宣传祖国历史文化，提高文化观念认同的办学方针，深受广大华侨所爱戴。从以上经历来看，钟志鹏正是在1941—1945年间就任国立大理师范学校校长一职，应即是前面提到的徐悲鸿为其画《伯乐相马》的"国立师范校长钟品梅"。

徐悲鸿1942年赠与钟品梅的《伯乐相马图》，与前述《九方皋》创作意图已有不同。此时的徐悲鸿，"一意孤行"实践中国画的改良，可以说已是名重一时，并已培养出众多画坛"千里马"，再作《九方皋》，应该是对这一钟爱题材的继承，并以此作为人际沟通的工具。以《九方皋》题材作品赠予致力边疆教育的钟品梅，意义也在于褒扬钟氏对边疆人才培养的奉献之举。

徐悲鸿一生创作题材极为广泛，人物、山水、草虫皆擅，大幅历史画更是列入画史。相较而言，"相马"题材因何成为反复选择的对象？这一情形，除要关注画作本身的艺术成就外，作为画史研究，画作的创作动机与流转也同样值得关注，从时间、空间等涉及时代背景的方面着手，将作品研究作为一个立体完整的过程。上述两幅作品，因赠予对象与民国教育的密切关系引起了笔者注意，也粗略做了勾勒。徐悲鸿虽以美术创作留名近现代画学，但近现代中国社会努力革除社会积弊，谋求崭新之发展路径，是一代中国人共同的梦想。正是在这一梦想指引下，一代先进的中国人，突破各自专业圈层，为家国命运奔走呼号，徐悲鸿反复以"相马"题材入画，并多作赠予，根源也在于此。以此作为近现代美术研究的历史根基，以史学研究的方法重读画作，或可成为近现代美术研究的一个视角。

① 王震：《徐悲鸿年谱长编》，上海画报出版社，2006年，第208页。

② 该幅画作曾于2019年底于南京博物院"仰之弥高——二十世纪中国画大师"展出，同时收入该院编：《仰之弥高——二十世纪中国画大家》图册，译林出版社，2019年。

③ 王震：《徐悲鸿年谱长编》，第57页。

④ 王震：《徐悲鸿年谱长编》，第22页。

⑤《蒋碧微回忆录（上）——我与徐悲鸿》，华

东师范大学出版社，2015年，第34页。

⑥王震：《徐悲鸿年谱长编》，第53页。

⑦《蒋碧微回忆录（上）——我与徐悲鸿》，第82-83页。

⑧王震：《徐悲鸿年谱长编》，第56页。

⑨见《国民政府公报》宁字第8号，1927年6月21日，第25-26页。

⑩见《大学委员会北平分会会议记录（第一次）》，《北平大学区教育旬刊》第1期，1929年4月1日，第69页。

⑪⑫耿申、邓清兰、沈言、喻秀芳：《北京近代教育记事》，北京教育出版社，1991年，第216页。

⑬耿申、邓清兰、沈言、喻秀芳：《北京近代教育记事》，第223页。

⑭王震：《徐悲鸿年谱长编》，第72页。

⑮《徐悲鸿请改设美术学院》，《北平日报》1928年12月23日第4版。另见王震编：《给北平大学委员会分会意见书》，《徐悲鸿艺术文集》，上海画报出版社，2005年，第21页。

⑯《艺术院学生要求参加招生事宜》，《北平日报》1928年12月29日第4版。

⑰《徐悲鸿辞艺术院长》，《北平日报》1929年1月19日第4版。

⑱《学生要求李书华代理院长》，《北平日报》1929年1月22日。

⑲《徐悲鸿辞职原呈为办事棘手》，《北平日报》1929年1月24日第4版。

⑳王震：《徐悲鸿年谱长编》，第243页。

㉑云南省博物馆：《徐悲鸿——留在云贵高原的艺术足迹》，2009年，未公开出版。马诚：《徐悲鸿在滇西的那些日子》，《云南档案》2014年第8期；曾天华：《抗战时期的云南美术——从云南省博物馆所藏作品谈起》，《文物天地》2018年第10期；沙平：《徐悲鸿大师在云南》，《云南档案》2012年第5期；赵星垣：《云南的抗战美术创作》，《中国美术》2019年第5期；张明学、李汶倍：《云南抗战美术代表画家及其作品》，《抗战文化研究》2019年第6期。

㉒《何玉书呈蒋中正请拨二万元经费补助蒙藏学校之扩建及预定兴建之教学建筑采购图书仪器设备之计划（1933年8月25日）》，"国史馆"档案："蒋中正总统文物"：特交档案，典藏号002－080200－00116－005。

㉓《关于蒙藏之决议案》，《蒙藏委员会公报》1929年第7期。

㉔孟文庄：《三年来中央政治学校办理边疆教育之计划与实施情形》，《教育杂志》1937年第4期。

㉕《诞生中的本校云南分校》，《中央政治学校校刊》1939年第145期。

㉖戴季陶：《西康建设之开创》，《新亚细亚》1931年第5期。

㉗安本钦、马其祥：《记国立松潘实用职业学校》，《四川文史资料选辑》第27辑，1982年。

㉘教育部教育年鉴编纂委员会编：《第二次中国教育年鉴》，上海商务印书馆，1948年，第1223-1236页。

（作者单位：徐悲鸿纪念馆）

北京市延庆区菜木沟旧石器时代遗址调查简报

北京市文物研究所 首都师范大学历史学院 延庆区文化和旅游局

延庆区地处北京西北部，气候属于大陆性季风气候，冬冷夏凉，年平均气温约8℃，年均降水量约493毫米。区域内北部和南部为山区，属于燕山山脉，其中浅山河谷地带水源充沛、地形复杂多样，河床及周边山体中含有丰富的适合打制石器的优质火成岩，为更新世时期狩猎采集人群打制石器、生产生活提供了丰富多样的资源环境。

20世纪90年代初，考古工作者曾对北京市延庆区旧石器时代遗址进行过调查，发现了相当数量的石制品[①]，为延庆地区旧石器时代考古工作开展奠定了重要基础。2021年4月，北京市文物研究所与首都师范大学历史学院签订全面合作框架协议，将延庆地区旧石器考古列为双方合作的重点工作之一。2021年5月，北京市文物研究所、首都师范大学历史学院与延庆区文化和旅游局对延庆区白河流域开展旧石器考古调查，本次工作最为重要的收获是菜木沟遗址的石制品

发现。

一、地理位置与遗址概况

菜木沟遗址位于延庆区千家店镇菜木沟村西约200米，地理坐标为东经116.4450515°，北纬40.6858632°，海拔412米。遗址地处白河右岸2级阶地之上，西北有支流从右侧汇入白河，东北有另一支流黑河从左侧汇入白河（图一），遗址所在区域地势较高且开阔，交通便利，水源充足，是早期人类选择栖息的良好居地。

本次调查发现菜木沟遗址石制品埋

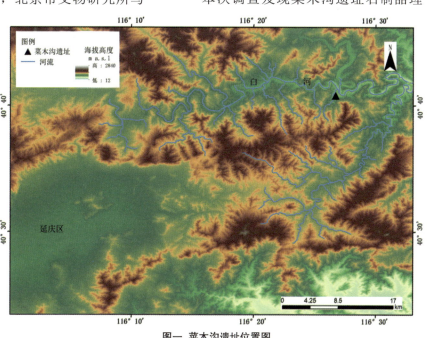

图一 菜木沟遗址位置图

藏的原生层位，文化层系浅褐色黏质粉砂，厚约1.5米。地层中采集石制品10件，均为石片。剖面附近地表另采集石核1件，石片2件。菜木沟遗址打制石器分布面积较大，文化层剖面暴露石器品数量较为丰富。

二、石制品

本次调查共采集石制品13件，包括石核1件、石片12件。石制品皆以火成岩为原料，部分石制品表面保留砾石面，另有石制品表面保留风化自然面，显示石器原料应包括两个来源，分别是河流砾石和基岩岩块，据初步调查结果均来自遗址附近的河床与基岩。

1. 石核

21YC.C01，双面盘状石核，采集自遗址地表，原料为浅紫褐色安山岩，原型为较为扁平的砾石。长107.1毫米、宽97.8毫米、厚60.1毫米，重771.6克。核身整体近圆形，剥片强度较高，周缘超过二分之一的部分两面向心剥片，剩下部分因较厚缺乏剥片角度而未开发保留砾石面。石核上片疤台面角多小于90°，最大台面角为98°。石核两个剥片面并非完全对称，主剥片面的剥片强度与片疤延展度高于另一面，主片疤延伸范围超过石核中心。石核整体处于剥片中晚期阶段（图二、图三）。

2. 石片

21YC.C02，采集自遗址文化层，原料为浅紫褐色安山岩，长74.3毫米、宽48.5毫米、厚16.5毫米，重43.9克。石片台面为素台面，台面长35.3毫米、宽15.2毫米。打击点不显著，打击泡与半锥体显著，石片角106°。石片背面不见自然面，可见9个片疤，呈多向分布，呈现出"X"形背脊，两边呈汇聚的关系（图四、图五，1）。

21YC.C03，采集自遗址文化层，原料为浅紫褐色安山岩，长70.9毫米、宽35.9毫米、厚16.5毫米，重34.1克。石片台面为素

图二 石核（21YC.C01）

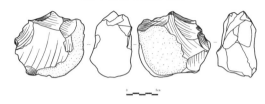

图三

图四 石片（21YC.C02）

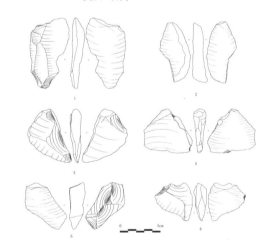

图五 石片（1. 21YC.C02 2. 21YC.C03 3. 21YC.C04 4. 21YC.C08 5. 21YC.C12 6. 21YC.C09）

台面，台面长13.8毫米、宽4.6毫米。打击点与半锥体不显著，打击泡显著，石片角120°。石片背面保留部分砾石面，显示原料来自河流砾石，另保留1个与石片方向同向的片疤，呈现出"J"形背脊，两边呈近平

行的关系（图六、图五，2）。

21YC.C04，采集自遗址文化层，原料为浅紫褐色安山岩，长60.3毫米、宽42.5毫米、厚14.7毫米，重44.4克。石片台面为素台面，台面长18.7毫米、宽9.9毫米。打击点、半锥体与打击泡均不显著，石片角137°。石片背面不见自然面，可见5个片疤，呈多向分布，呈现出"X"形背脊，两边呈汇聚的关系（图七、图五，3）。

21YC.C05，采集自遗址文化层，原料为浅紫褐色安山岩，长22.8毫米、宽47.4毫米、厚16.8毫米，重15.1克。石片台面为有疤台面，台面长29.6毫米、宽17毫米。打击点与半锥体不显著，打击泡较为显著，石片角120°。石片背面局部可见自然面，显示原料为岩块，另保留1个与石片方向同向的片疤，呈现单个纵向背脊，两边呈平行的关系（图八、图九，3）。

21YC.C06，采集自遗址文化层，原料为浅紫褐色安山岩，长26.1毫米、宽26.2毫米、厚11.4毫米，重6.7克。石片台面为有疤台面，台面长23.1毫米、宽13.4毫米。打击点与半锥体不显著，打击泡显著，石片

图六 石片（21YC.C03）

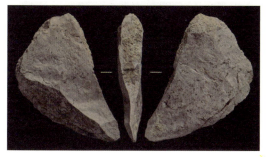

图七 石片（21YC.C04）

图八 石片（21YC.C05）

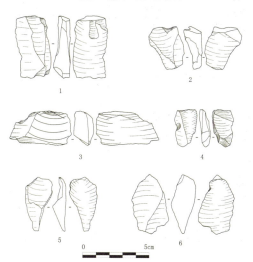

图九 石片（1. 21YC.C07 2. 21YC.C06 3. 21YC.C05 4. 21YC.C11 5. 21YC.C10 6. 21YC.C13）

角104°。石片背面不见自然面，可见7个片疤，呈同向分布，呈现出"V"形背脊，两边呈近平行的关系（图一〇、图九，2）。

21YC.C07，采集自遗址文化层，原料为浅紫褐色安山岩，长43.8毫米、宽24毫米、厚12.9毫米，重13.4克。石片台面为有疤台面，台面长20.3毫米、宽9.1毫米。打击点显著，半锥体与打击泡不显著，石片角109°。石片背面局部可见自然面，显示原料为岩块，另保留4个对向分布的片疤，呈现"X"形背脊，两边呈平行的关系（图一一、图九，1）。

21YC.C08，采集自遗址文化层，原料为浅紫褐色安山岩，长53.1毫米、宽59.1毫米、厚14.9毫米，重30.7克。石片台面为素台面，台面长26.6毫米、宽15.2毫米。打击点与半锥体不显著，打击泡显著，石片角110°。石片背面不见自然面，可见6个片疤，呈多向分布，背脊形态复杂，两边关系不规则（图一二、图五，4）。

21YC.C09，采集自遗址文化层，原

图一〇 石片（21YC.C06）

图一一 石片（21YC.C07）

料为浅紫褐色安山岩，长44.9毫米、宽44.8毫米、厚15.6毫米，重22.5克。石片台面为有疤台面，台面长29.3毫米、宽4.3毫米。打击点与半锥体不显著，打击泡显著，石片角118°。石片背面不见自然面，可见4个片疤，呈多向分布，背脊形态复杂，两边呈汇聚的关系（图一三、图五，6）。

21YC.C10，采集自遗址文化层，原料为浅紫褐色安山岩，长38.5毫米、宽19.8毫米、厚9.3毫米，重4.1克。石片台面为线状台面，台面长11.3毫米。打击点、半锥体与打击泡均不显著。石片背面不见自然面，可见4个片疤，均与石片方向相同，呈现"Y"形背脊，两边呈汇聚的关系（图一四、图九，5）。

21YC.C11，采集自遗址文化层，原料为浅紫褐色安山岩，长26.6毫米、宽16.4毫米、厚6.9毫米，重2.7克。石片台面为有疤台面，台面长13.6毫米、宽2.9毫米。打击点、半锥体与打击泡均不显著。石片背面不见自然面，可见6个片疤，片疤方向为多向，背脊形态复杂，两边呈近平行的关系（图一五、图九，4）。

21YC.C12，采集自遗址地表，原料为浅紫褐色安山岩，长49.3毫米、宽40.8毫米、厚19.7毫米，重33.1克。石片台面为素台面，台面长25.4毫米、宽18.3毫米。打击点、半锥体与打击泡均较为显著，石片角115°。石片背面局部可见自然面，显示原料为岩块，另保留6个多向分布的片疤，背脊形态复杂，两边呈近平行的关系（图一六、图五，5）。

21YC.C13，采集自遗址地表，原料为浅紫褐色安山岩，长38.9毫米、宽26.4毫米、厚16.6毫米，重11克。石片台面为素台面，台面长36.1毫米、宽15.8毫米。打击点与半锥体不显著，打击泡较为显著，石片角119°。石片背面不见自然面，可见2个片疤，呈相反的方向分布，呈现"/"形背脊，两边呈近平行的关系（图一七、图九，6）。

本次调查发现的石核具有盘状石核

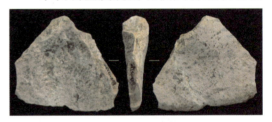

图一二 石片（21YC.C08）

图一三 石片（21YC.C09）

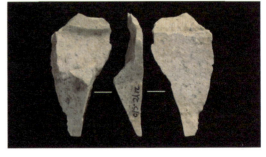

图一四 石片（21YC.C10）

图一五 石片（21YC.C11）

图一六 石片（21YC.C12）

图一七 石片（21YC.C13）

特征，石核整体显示出对原料形状、剥片角度以及剥片过程中出现的棱脊的高效掌控。石片尺寸属于中型或小型，平均长45.8毫米、宽36.0毫米、厚14.3毫米。石片台面尺寸较小，平均台面长23.6毫米、台面宽11.4毫米，以素台面和有疤台面为主，另有线状台面。石片形状以长条形、三角形为主，有的石片两边近平行，利用背脊很好地控制了石片形状。

三、讨论与结语

菜木沟遗址石器总体显示出多样化的剥片策略，未见典型的预制剥片技术证据。盘状石核在我国华北地区晚更新世早

中期遗址中多有发现，以北京周口店第15地点[2]和河北阳原板井子遗址[3]等为代表，是有计划地生产可以控制石片形状和尺寸的较为复杂的剥片技术[4]。据本次调查的遗址地层堆积与石制品特征，初步推测菜木沟遗址时代为旧石器时代中晚期，处于晚更新世时期，但遗址具体的石器工业性质和绝对年代有待未来进一步考古发掘研究和科技年代测定。

延庆地处内蒙古地区、东北地区与华北地区的交会地带，对于理解中国北方旧石器时代技术文化格局与早期人类的迁徙扩散具有重要意义。本次调查成果显示，菜木沟遗址是延庆区目前所知最明确和保存最为丰富的旧石器时代遗址之一。目前我们对于菜木沟遗址的认识十分有限，该遗址亟待未来进一步的正式发掘与科学研究，这对于填补北京北部燕山地区旧石器时代文化的空白和探索中国北方地区现代人的出现与演化具有重要意义。

本文是北京市社科基金青年项目（批准号：18LSC007）的阶段性研究成果。

调查：于璞、范学新、陈宥成

整理：陈宥成、赵云啸、陈思奇、田朵朵、于璞

执笔：于璞、陈宥成、范学新

①李超荣、郁金城、冯兴无：《北京地区旧石器考古新进展》，《人类学学报》1998年第2期。

②高星：《周口店第15地点剥片技术研究》，《人类学学报》2000年第3期。

③中国科学院古脊椎动物与古人类研究所、中国科学院大学、河北省文物研究所：《河北阳原县板井子旧石器时代遗址2015年发掘简报》，《考古》2018年第11期。

④陈宥成、曲彤丽：《盘状石核相关问题探讨》，《考古》2016年第2期。

北京大兴西红门汉唐窑址发掘简报

北京市文物研究所

2019年10月，为配合北京大兴西红门地区的开发建设，北京市文物研究所对建设区域占地范围进行了考古勘探，发现汉代窑址5座、唐代窑址1座（编号Y1—Y6）。在考古勘探的基础上，对发现的6座窑址进行了抢救性发掘。

Y1、Y2、Y3、Y4所在项目地块东临同华北大街、南临南西路、西临宏政街、北临福欣路，发掘区域位于地块北部；Y5所在项目地块东临林枫家园小区。南临宏福东路、西临西红门第四村村委会、北临南西路，发掘区域位于地块北部；Y6所在项目地块东临同华路、南临福盛路、西临乡村道路、北临福兴路，发掘区域位于地块西南部（图一）。现将此次发掘的窑址情况简报如下。

一、窑址形制

本次发掘的6座窑址分成A、B两型：方形或圆形窑室，内无隔墙，烟道位于窑壁之上或由竖洞与窑壁连通的为A型，属此类型的有Y1、Y2、Y3、Y4、Y6；梯形窑室，内有隔墙，烟道与窑室一体的为B型，属此类型的有Y5。A型又可以根据窑室、操作间及烟道的形制分为两式：长方形或方形窑室、椭圆形或圆形操作间，两条或三条烟道掏挖于窑壁上的为Ⅰ式，包括Y1、Y2、Y3、Y6；圆形窑室，椭圆形操作间，两条烟道位于窑壁之外由竖洞与窑室连通的为Ⅱ式，包括Y4。现将各窑址形制分述如下：

A型Ⅰ式（Y1、Y2、Y3、Y6）

Y1

位于发掘区西北部，方向100°。开口距地表0.6米，上部破坏严重，由操作间、火门、火膛、窑床和烟道五部分组成，东西总长8.3米，南北宽2.2—3.3米，深2.1米（图二，照片一）。

操作间　位于火门的西部，平面呈梯形，口大底小，东壁上部被破坏，下部竖直，南北两壁略弧，向下内收，西壁自西向东呈缓坡状，底部靠近火门处平整。东西长4.96米，南北宽2.2米，深1.6米。填土内含红烧土颗粒、草木灰。

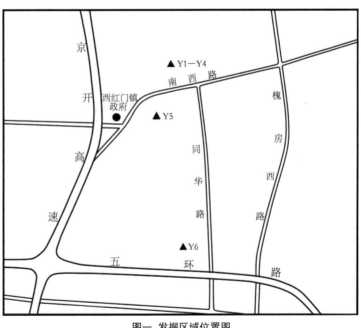

图一　发掘区域位置图

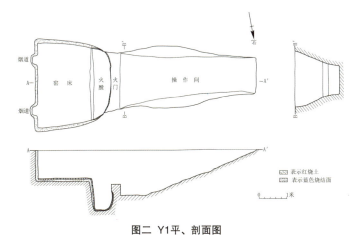

图二 Y1平、剖面图

表示红烧土
表示蓝色烧结面

照片一 Y1

火门 位于操作间东端，火膛东侧，上部破坏严重，结构不详，仅留存底部，残留截面呈长方形，弧壁向下内收，进深0.34米，底部高出操作间0.4米。填土内含红烧土颗粒及炭屑。

窑室 位于火门西侧，上半部破坏无存，平面呈马蹄形，窑壁斜向上内收，由火膛和窑床组成。火膛位于西侧，窑床位于东侧。

火膛 平面呈半圆形，口小底大，

呈袋状。底部东西宽0.6米，南北长2.6米，底部距开口2.1米，距窑床床面1.1米。火膛四壁有一层青灰色烧结面，厚约0.06米。填土内含红烧土块、炭屑。

窑床 平面呈梯形，南北长2.76—3.26米，东西宽2.1米，高1.1米。床面平整，外立面向外倾斜，窑床表面及外立面有一层青灰色烧结面，厚约0.1米。填土内含红烧土块、炭屑、碎砖块。

烟道 位于窑室东壁上，共2条，分别靠近东壁两端，沟槽状，掏挖于生土上，形制相同，上口平面近半圆形，直壁，底部近平，间距约1.4米，单个烟道东西宽0.2米，南北长0.4米，残高1米。壁和底部有一层红色烧结面，厚约0.08米，填土内含红烧土块。

Y2

位于发掘区中北部，方向20°。开口距地表深0.6米，上部破坏严重，由操作间、火门、火膛、窑床和烟道五部分组成，南北总长7.94米，东西宽2.64—2.7米，深1.24米（图三，照片二）。

操作间 位于火门的南部，平面呈椭圆形，口大底小，东西两壁略弧，向下内收，北壁垂直，南壁自南向北呈缓坡状渐深，底部靠近火门处平整。南北长4.2米，东西宽2.7米，深1.1米。填土内含红烧土颗粒、草木灰。

火门 位于操作间北端，火膛南侧，土洞式，掏挖于生土上，横截面呈圆角方形，底部用青砖错缝平砌，四周一层青灰色烧结面，烧结面周围有一圈红烧土，火门宽0.4米，高0.3米，进深0.24米，底部高出操作间0.04米。填土内含有红烧土颗粒、炭屑。

窑室 位于火门北侧，上半部破坏无存，平面呈方形，东、西、北三面窑壁竖直，南壁略弧，由火膛和窑床组成。火膛

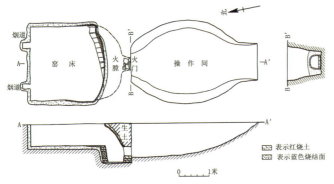

图三 Y2平、剖面图

照片二 Y2

位于南侧，窑床位于北侧。

火膛　平面呈半圆形，口小底大，呈袋状，南壁用青砖错缝平砌，斜壁内收，其余壁为生土。底部东西宽2.34米，南北长0.7米，底部距开口1.24米，距窑床床面0.54米。火膛内壁有一层青灰色烧结面，厚0.03—0.08米。填土内含红烧土块、炭屑。

窑床　平面呈长方形，东西长2.38—2.42米，南北宽2米，高0.54米。床面有一层红色烧结面，厚约0.1米，外立面有一层青灰色烧结面，厚0.03—0.07米，填土内含红烧土块、炭屑、碎砖块。

烟道　位于窑室北壁上，共2条，分别靠近北壁两端，沟槽状，掏挖于生土上，形制相同，上口平面呈长方形，

直壁，底部略向窑室倾斜，间距约0.94米，单个烟道东西宽0.3米，南北长0.5米，残高0.9米。壁和底部有一层红色烧结面，厚约0.07米，填土内含红烧土块。

Y3

位于发掘区东北部，方向90°。开口距地表深0.6米，窑址顶部和东北部破坏严重，由操作间、火门、火膛、窑床和烟道五部分组成，东西总长8.4米，南北宽2.5—3.2米，深1.4米（图四，照片三）。

操作间　位于火门的西部，平面呈椭圆形，口大底小，南北两壁略弧，向下内收，东壁垂直，西壁自西向东呈缓坡状渐深，底部靠近火门处平整。东西长4.4米，南北宽2.5米，深1.22米。填土内含红烧土颗粒、草木灰。

火门　位于操作间东端，火膛西侧，土洞式，掏挖于生土上，横截面呈半圆形，底部有少量碎砖，四周一层明显青灰色烧结面，烧结面外有一圈红烧土，宽0.9米，进深0.32米，高0.3米，底部高出操作间0.04米。填土内含有红烧土颗粒、炭屑。

窑室　位于火门东侧，上半部及东北角破坏无存，平面呈方形，东、南、北三面窑壁竖直，西壁略弧，由火膛和窑床组成。火膛位于西侧，窑床位于东侧。窑室内填土中出土素面青砖，标本规格为

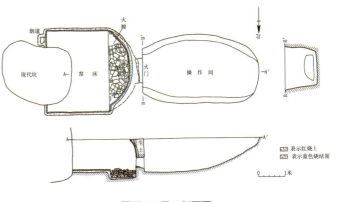

图四 Y3平、剖面图

照片三　Y3

0.32×0.16×0.06米。

　　火膛　平面呈半圆形，口小底大，呈袋状，底部东西长2.74米，南北宽0.74米，底部距开口1.4米，距窑床床面0.3米。火膛内壁有青灰色烧结面，厚0.03—0.07米。火膛底部残存大量青砖块，填土内含红烧土块、炭屑。

　　窑床　平面呈长方形，南北长2.86—3米，东西宽2.34米，高0.3米。床面有一层青灰色烧结面，厚0.07米，填土内含红烧土块、炭屑、碎砖块。

　　烟道　位于窑室东壁外，残存1条，靠近北壁一端，竖洞式，掏挖于生土上，上口平面呈长方形，侧剖面呈曲尺形，底部与窑室东壁连通，直壁，底部近平，东西长0.24米，南北宽0.12米，深1.1米。壁和底部有一层红色烧结面，厚约0.06米，填土内含红烧土块。

　　Y6

　　位于发掘区西南部，方向5°。开口距地表深1.7米，上部破坏严重，由操作间、火门、火膛、窑床和烟道五部分组成，南北总长6.98米，东西宽2.8—3.4米，深2米（图五，照片四）。

　　操作间　位于火门的南部，平面呈圆形，口大底小，四壁略弧，向下内收，小平底。南北长2.9米，东西宽2.8米，深2米。填土内含红烧土颗粒、草木灰。

　　火门　位于操作间北端，火膛南侧，

土洞式，掏挖于生土上，横截面呈圆角方形。底部外侧用两块青砖平铺成两层台阶，台阶高差0.1米。火门宽0.34米，高0.4米，进深0.46米，底部高出操作间0.34米。填土内含有红烧土颗粒、炭屑。

　　窑室　位于火门北侧，上半部破坏无存，平面呈长方形，东、西、北三面窑壁竖直，南壁略弧，由火膛和窑床组成。火膛位于南侧，窑床位于北侧。窑室内填土中出土素面青砖，标本规格为0.32×0.16×0.06米。

　　火膛　平面呈半圆形，口小底大，呈袋状。底部东西宽3.2米，南北长0.92米，底部距开口1.2米，距窑床床面0.8米。火膛内壁有一层青灰色烧结面，厚0.03—0.08米。填土内含红烧土块、炭屑。

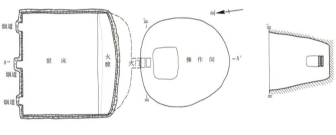

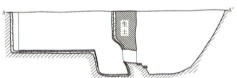

图五　Y6平、剖面图

照片四　Y6

窑床　平面呈长方形，东西宽3.2米，南北长2.4米，高0.8米。床面有一层青灰色烧结面，厚0.03—0.07米，填土内含红烧土块、炭屑、碎砖块。

烟道　位于窑室北壁上，共3条，沟槽状，掏挖于生土上，等距离分布，形制相同，上口平面呈长方形，直壁，底部略向窑室倾斜，间距约0.92米，单个烟道东西宽0.26米，南北长0.14米，深1.2米。烟道壁、底有一层红色烧结面，厚约0.07米，填土内含红烧土块。

A型Ⅱ式（Y4）

Y4

位于发掘区东北部，方向20°。开口距地表深0.6米，上部破坏严重，由操作间、火门、火膛、窑床和烟道五部分组成，南北总长8.4米，东西宽2.04—2.44米，深2.2米（图六，照片五）。

操作间　位于火门的南部，平面呈椭圆形，口大底小，东西两壁略弧，向下内收，北壁垂直，南壁自南向北呈缓坡状渐深，底部靠近火门处平整。南北长4.96米，东西宽2.44米，深1.68米。填土内含红烧土颗粒、草木灰。

火门　位于操作间北端，火膛南侧，土洞式，掏挖于生土上，横截面呈方形，四周有大量红烧土，宽0.3米，进深0.33米，高0.24米，底部与操作间底持平。填土内含有红烧土颗粒、炭屑。

窑室　位于火门北侧，上半部破坏无存，平面呈圆形，窑壁竖直，由火膛和窑床组成。火膛位于南侧，窑床位于北侧。

火膛　平面呈半圆形，口小底大，呈袋状，底部东西长1.64米，南北宽0.74米，底部距开口2.2米，距窑床床面1.2米。火膛内壁有青灰色烧结面，厚0.03—0.07米。填土内含红烧土块、炭屑。

窑床　平面呈马蹄形，南北长1.98米，东西宽1.92米，高1米。床面有一层

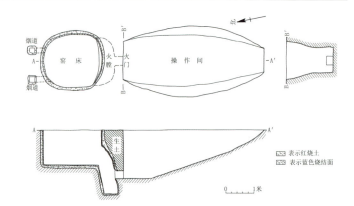

图六　Y4平、剖面图

图中标注：表示红烧土、表示蓝色烧结面

照片五　Y4

青灰色烧结面，厚0.03—0.08米。填土内含红烧土块、炭屑。

烟道　位于窑室东壁外，共2条，竖洞式，掏挖于生土上，底部与窑室北壁连通，上口平面呈方形，侧剖面呈曲尺形，直壁，底部略向窑室倾斜，单个烟道南北长0.2米，东西宽0.19米，残高1.2米。壁和底部有一层红色烧结面，厚约0.06米，填土内含红烧土块。

B型（Y5）

Y5

位于发掘区北部，方向141°。开

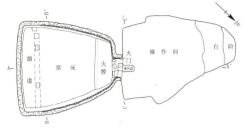

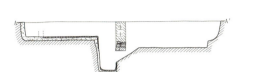

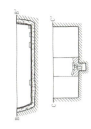

▨ 表示红烧土
▨ 表示蓝色烧结面

0 ____ 1米

图七 Y5平、剖面图

照片六 Y5

口距地表1.5米，上部破坏严重，由操作间、火门、火膛、窑床和烟道五部分组成，东西总长7.3米，南北宽0.58—2.9米，深1.58米（图七，照片六）。

操作间 位于火门的北部，平面形状不规则，中间宽两端窄，东、南、西三壁较直，底部平坦，南北长2.44—3.8米，东西宽1.76—2.9米，深0.86米。北壁自北向南呈台阶状，由两层台阶组成，第一层台阶东西长1.18米，南北宽0.3—0.44米，高0.3米；第二层台阶东西长1.76米，南北宽0.72—0.88米，高0.2米。填土内含红烧土颗粒、草木灰和少量碎砖块。

火门 位于操作间南端，掏挖于生土之上，上部完全破坏，残留横截面呈长方形，叠压于通风道之上，火门底部砌砖，上层顺砖平砌，下层立砖斜砌，残高0.72米，宽0.6米，进深0.36米。东西两侧

有明显红色烧结面，厚0.01—0.1米。火门底部为通风道，上口平面略呈长方形，南北两侧分别连通火膛与操作间，底部呈北高南低的斜坡状向火膛内倾斜，南北长0.74米，东西宽0.2米，坡长0.89米，东西两壁平直，西壁上有一层厚约0.01米的红色烧结面，底部残存炭屑。

窑室 位于火门南侧，上半部破坏无存，平面呈梯形，窑壁竖直，由火膛和窑床组成。火膛位于北侧，窑床位于南侧。窑室内填土中出土绳纹青砖，粗绳纹砖规格为0.36×0.17×0.55米，细绳纹砖规格为0.34×0.16×0.55米（图八）。

火膛 平面略呈梯形，口小底大，呈袋状，底部南北长0.5米，东西宽1.3—1.66米，底部距开口1.58米，距窑床床面1.1米。火膛内壁有青灰色烧结面，厚0.01—0.1米，深约0.9米。填土内含有碎砖块、红烧土块和炭屑。

窑床 平面呈梯形，锅底状，底部平坦，床面南北长1.84米，东西宽1.66—2.58米，高1.1米。床面有一层青灰色烧结面，厚0.01—0.1米。填土内含红烧土块、炭屑。

烟道 平面呈长方形，与北侧窑室相连，北侧为隔墙，隔墙为单层砖顺砌，仅残余底部四块砖，隔墙底部有排烟孔与烟道相连，隔墙宽0.17米。烟道东西长2.84米，南北宽0.34—0.44米，深0.48米。东、南、西三壁和底部均有一层红色烧结面，厚约0.12米。填土内含红烧土块。

0 ____ 10厘米

图八 绳纹砖拓片

二、窑址形制分析

本次发掘的窑址均为半倒焰窑，填土内出土了少量灰陶片，器型不可辨，仅能从窑址的形制判断其年代。窑址的发掘区域分为三个地点，其中Y1、Y2、Y3、Y4位于同一区域，开口层位相同。Y6与Y2的形制相同，仅烟道数量上有差别。Y5与其他窑址形制不同，发掘地点也不一致。

AⅠ式窑与南苑Y7[①]，大兴新城北区8号地Y1、Y2、Y3、Y6[②]，平谷杜辛庄Y3、Y4、Y6、Y12[③]，丰台南苑新Y2、新Y3、植Y7[④]，亦庄X10号地Y3、Y4、Y10[⑤]，亦庄X11号地Y3、Y4[⑥]，大兴枣园路Y17[⑦]形制相似，这种陶窑在北京地区比较常见，年代多为西汉末年至东汉时期。

AⅡ式窑与亦庄X10号地Y8[⑧]、大兴新城北区8号地汉代中期Y7[⑨]形制相似，胡传耸认为这种类型的窑址年代为西汉中期[⑩]。从窑炉的变化发展情况看，椭圆形窑室在西汉中期以后就逐渐被长方形窑室取代了。

B型窑与亦庄X10号地Y7[⑪]，丰台王佐Y1、Y2[⑫]，马驹桥物流基地Y5[⑬]形制相似，结合窑址内出土的绳纹砖，判断该窑址为唐代窑址。

三、结语

本次发掘的窑址位于大兴区西红门镇，这里北与丰台区南苑乡接壤，在发掘地点的周边区域发现过大量汉唐时期的墓葬及窑址，同时发现有汉代墓葬与窑址的共存现象。在汉唐时期，这里应该是一处重要的人类生活场所。本次发掘的6座窑址，为研究这一区域古代社会生活情况提供了宝贵的资料。

执笔：戚征 卜彦博 刘风亮
绘图：王凯 戚征
摄影：马伯陶

①北京市文物研究所：《北京南苑汉代窑址发掘简报》，《文物春秋》2011年第5期。

②⑨北京市文物研究所：《北京大兴新城北区8号地考古发掘报告》，《文物春秋》2008年第4期。

③⑩北京市文物研究所：《平谷杜辛庄遗址》，科学出版社，2009年。

④北京市文物研究所：《丰台南苑汉墓》，科学出版社，2019年。

⑤⑧⑪北京市文物研究所：《北京亦庄X10号地》，科学出版社，2010年。

⑥北京市文物研究所：《北京亦庄X11号地》，科学出版社，2012年。

⑦北京市文物研究所：《小营与西红门——北京大兴考古发掘报告》，上海古籍出版社，2018年。

⑫北京市文物研究所：《丰台王佐遗址》，科学出版社，2010年。

⑬北京市文物研究所：《北京马驹桥物流基地E—04地块发掘简报》，《文物春秋》2010年第5期。

清华大学发现三座西晋墓

北京市文物研究所

为配合清华大学新土木馆工程建设，2019年5月23日至7月1日北京市文物研究所对项目占地范围内发现的古墓葬进行了考古发掘，其中有3座为西晋时期墓葬，编号分别为M5、M9和M10，呈倒品字形排列（图一），坐西朝东，均为带墓道单砖室墓，墓道偏于墓室一侧。现将发掘情况简报如下。

一、墓葬形制

M5

由墓道、甬道、墓室组成，总长8.9米。墓向110°（图二）。墓道偏于墓室中线北侧，西端与甬道连接。开口平面呈长方形，长4.9米，宽1.48米。墓道深0.72—1.65米，两壁不甚规整，东端有两层台阶，台阶下至甬道呈斜坡状。第一层台阶宽0.7米，高0.44米，距现墓口深0.72米，第二层台阶宽0.46米，高0.2米，距现墓口深1.16米，其下斜坡长2.82米，坡度5°。墓道内填土为红褐色杂填土，上部稍干净，下半部夹杂有较多的残碎块。甬道长1.24米，宽1.48—1.56米。

墓室仅剩下土圹，东西长3.8米，宽2.56—2.9米。底部仅残存几块铺地砖，砖的规格为32×16×6厘米。因破坏严重，铺地砖的铺砌方式不详。在墓室中部偏北，距北壁0.5米处有一个直径0.5米的晚期扰坑打破墓室。墓室内填土为红褐色杂填土，上部稍干净，下半部夹杂有较多的残碎块。因扰乱严重，仅在墓室西北处清理出头骨1个。葬具及葬式不详。

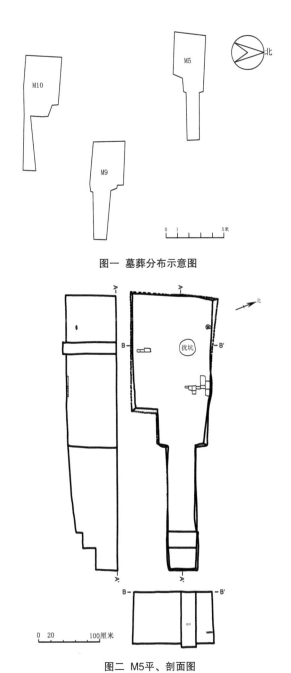

图一 墓葬分布示意图

图二 M5平、剖面图

M9

整体呈"刀"形，由墓道、墓室组成，残长6.9米。墓向85°（图三、照片一）。墓道偏于墓室中线南侧，东部被现代沟破坏，残存部分呈斜坡状。开口平面呈长方形，残长2.4米，宽0.95—1.5米。墓道深1.45—1.95米，底部呈东高西低斜坡状，坡度20°，坡长2.48米。两壁与底部较为平整。墓道内填黄褐色花土，土质较松软。

墓室土圹东西长4.5米，南北宽3.04—3.4米。墓室南北两壁略外弧，往上逐渐内收，上口东西残长1.54米，南北宽1.38米；底部东西长3.3米，南北宽

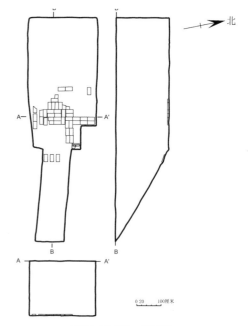

图四 M10平、剖面图

照片二 M10

2.44米。墓室东半部分被破坏，现残存最高处1.38米，最低处0.06米。墓室砖壁厚0.3米，砌法为两顺一丁，最高处残存17层，用砖规格为30×15×5厘米。墓室底部有铺地砖，西部保存较好，用单层青砖平铺而成。铺地砖大部分为整砖，且铺砌得较有规律，横竖交错；东部铺地砖仅残存零散几块。墓室内填土为黄褐色花土，土质较松软。在墓底清理出凌乱的骨架，能分辨出有头骨两个（已残碎）及部分下肢骨。从头骨数量上可知该墓为合葬墓。由于破坏严重，未发现棺木痕迹，头向、面向、葬式均不明。

M10

由墓道、墓门和墓室组成，全长9.02

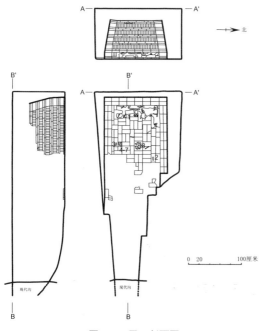

图三 M9平、剖面图

照片一 M9

米。墓向100°（图四、照片二）。墓道偏于墓室中线南侧，开口平面呈东西向长方形，长3.7米，宽1.2米。底部呈斜坡状，坡长4.3米，坡度30°，深0—2.2米。两壁及底部较平整。在墓道西端残留有三块平砖，砖的规格为30×15×5厘米。内填红褐色花土，土质较松软。

墓门进深0.96米，宽1.96米，北侧留有五块竖立砌砖，砖的规格为30×15×5厘米。墓室土圹东西长4.34米，南北宽2.84米，残存深度为2.2米。墓室砖壁无存。墓室底部原有铺地砖，大部分被破坏，仅东部残存部分。根据残存部分，铺地砖用青砖纵横交错平铺一层。砖的规格有36×16×6厘米、35×15×5厘米两种。墓室内填土为红褐色杂填土，夹杂有较多的残砖块。

二、出土器物

3座墓葬均被扰乱得较为严重，M5未发现随葬品，M9、M10出土有陶盆、陶盏、陶碓、陶甑、陶狗、陶猪、手环、铜钱等。

1. 陶器

陶盆　3件，均为夹蚌红陶。M9:8出土于墓室中部。直口，圆唇。腹稍外弧。平底。外腹有两周内凹的宽弦纹。口径18.7厘米、底径11.8厘米、高7厘米（图五，1；照片三）；M10:2出土于墓室扰土中。口微敛，圆唇，壁稍外弧，平底。口径20.5厘米、底径13.1厘米、高7.5厘米、壁厚0.7—1.4厘米（图五，2；照片四）；M10:3出土于墓室扰土中。敞口，圆唇，斜弧腹，平底。外腹有一周内凹的宽弦纹。口径20厘米、底径12厘米、高7.5厘米（图五，7）。

陶盏　4件，均为泥质灰陶，均出土于墓室中部，靠近南壁。可分两型。

A型：M9:4，敞口，尖圆唇，平底，内底有一道拉坯痕迹。口径9.3厘米、底径5.6厘米、高3.3厘米、厚0.2—0.6厘米

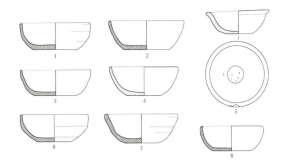

1.陶盆（M9:8）　2.陶盆（M10:2）　3.陶盏（M9:4）　4.陶盏（M9:6）　5.陶甑（M9:16）　6.陶盏（M9:5）　7.夹蚌红陶盆（M10:3）　8.陶盏（M9:7）

图五　出土器物（一）

照片三　陶盆（M9：8）

照片四　陶盆（M10：2）

（图五，3）；M9:6，口径9.4厘米、底径4.6厘米、高3.7厘米（图五，4）。

B型：M9:5，腹上部较直，下部内折两次至底。平底。内底有一圈较明显的制作痕迹。口径9厘米、底径4.4厘米、高3.5厘米（图五，6）；M9:7，口径8.6厘米、底径5.3厘米、高3.2厘米（图五，8）。

陶甑　1件，M9:16，出土于墓室扰土中。泥质灰陶。敞口，平折沿，尖圆唇。斜腹。底上有若干透孔。口径8.4厘米、底径4.3厘米、高3.1厘米（图五，5）。

陶碓　1件，M9:11，出土于墓室扰土中。泥质灰陶。踏板底为长方形，上有两个支架。踏板长10.2厘米、宽4.4厘米、厚1厘米，碓杆长9厘米、宽2厘米。杆头有圆形碓头（图六，1；照片五）。

陶家畜　2件，均为捏制。M9:3为陶狗，出土于墓室东部，靠近墓室北壁。泥质浅灰陶，体态肥胖。咧嘴，长鼻。双耳向上突起。脸中部用手捏出一道突棱。脊背中部下凹，正中自耳后至臀部有用手捏出的一道凸棱。前后腿匍匐于身下。长11厘米、宽4厘米、高4厘米（图六，2；照片六）。M9:2为陶猪，出

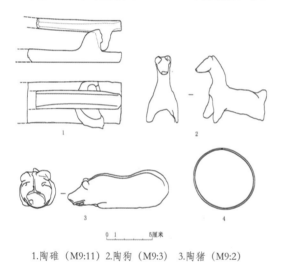

1.陶碓（M9:11）2.陶狗（M9:3）3.陶猪（M9:2）
4.银环（M9:9）

图六　出土器物（二）

照片六　陶狗（M9:3）

照片七　陶猪（M9:2）

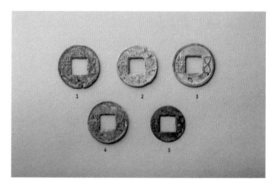

图七　铜钱

照片八　手环（M9:9）

照片五　陶碓（M9:11）

土于墓室中部，靠近墓室南壁。泥质黄棕色。站立状。整体瘦长。两耳朝前，四肢直立，尾部上翘。后肢及耳部有残损。长8.5厘米、宽3.5厘米、高7厘米（图六，3；照片七）。

2. 银饰

手环　1件，M9：9，出土于人骨下面。直径6.6厘米、环体直径0.1厘米（图六，4；照片八）。

3. 铜钱

发现有东汉五铢、西汉五铢和剪边五铢。M9内出土铜钱均位于墓室西部，M10出土铜钱均发现于扰土中。

M9：1-1，圆形，直径2.5厘米、缘宽0.1厘米。方穿，边长1厘米。厚0.1厘米。正面饰钱文"五铢"，左右对读，篆书。五字交股圆滑。铢字的金字头"三角形"较大，朱字上部"山"字笔画圆折，"巾"字方折。素背。为东汉五铢特征（图七，2）。

M9：1-2，圆形，直径2.6厘米、缘宽0.1厘米。方穿，边长1厘米。厚0.1厘米。正面饰钱文"五铢"，左右对读，篆书。五字交股两笔圆滑。铢字的金字头"三角形"较小，箭镞状；朱字上部"山"字头方折，"巾"字笔画圆折。素背。为西汉五铢特征（图七，3）。

M9：1-3，圆形，直径2.5厘米。方穿，边长1厘米。厚0.1厘米。正面饰钱文"五铢"，左右对读，篆书。五字交股圆滑。铢字金字头呈"三角形"，朱字上部"山"字笔画圆折，"巾"字笔画圆折。素背（图七，4）。M10：1同（图七，1）。为更始五铢。

M9：1-4，圆形，直径2厘米。方穿，穿宽1厘米。厚0.1厘米。素背（图七，5）。为剪边五铢。

三、结语

此次发现的3座墓葬，其形制及出土器物特征鲜明，为西晋时期墓葬。三墓排列紧凑，应为一组家族墓。3座墓葬的发掘丰富了西晋时期墓葬资料。

执笔：张利芳

绘图：周倩文、毕超

拍照：王宇新

北京地区西晋墓特点初步研究

孙　峥

北京地区魏晋时期地处北境，是中原王朝的北方重地，更是北方地区与中原汉文化交流的重要通道和中间地带，同样是北方民族踏足中原必先叩开的一道大门①。西晋时期，北京地区主体在燕国境内，还包括上谷郡南部和范阳国北部②，从东汉至北朝时期的行政设置具有很强的延续性，社会生活文化及墓葬也可以看作是一个连续发展的阶段。当时古人的社会生活已经不得而知，而墓葬形制及其随葬器物可以从另一方面了解当时社会生活文化面貌。

一、北京地区西晋墓简要概况

西晋幽州初治涿，后改治蓟。幽州境内同时存在有范阳和燕国两个诸侯国。据《晋书·地理志》记载，燕国"统县十，户二万九千"；范阳"统县八，户一万一千"，此外，上谷郡人口也较为稠密，"统县二，户四千七十"，每县平均有2000户。据此，北京地区在西晋时期的人口还是不少的，当然也要考虑迁徙、战争等因素影响。但既往的考古工作中，西晋时期的遗存发现较少，东汉时期墓葬发现较多且发表的资料亦多。因为西晋早期墓葬的形式、出土器物与东汉晚期墓葬差别不大，不少东汉晚期墓葬的年代下限可以晚到西晋时期。根据截至2017年底发表的资料统计，共发现西晋时期墓葬23座③；2017年之后，随着北京地区基本建设的深入，又发现了一批西晋时期墓葬，如延庆大榆树西晋墓、延庆胡家营西晋墓葬群等。至

2019年底，发现的能够明确为西晋墓的数量也未超40座，虽然数量不多，但通过对墓葬形制和随葬器物的分析，可以将北京地区西晋墓葬的发展规律和阶段性特征做一个简要的归纳总结。

二、北京地区西晋墓葬特点

墓葬年代可以通过其形制和器物类型组合进行判断，当然墓葬中出土带文字类的器物则直接可以指明墓葬所属年代，如墓志、铭文、纪年砖等。往往很多墓葬的规格较小，等级不够，墓葬中不会出现带有明确纪年的器物，只能通过其形制和随葬器物相结合来判断墓葬年代。以下从墓葬形制和随葬器物两个方面进行简要探讨。

（一）墓葬形制

北京地区西晋时期墓葬以砖室墓为主，未发现竖穴土坑墓。砖室墓常见形制可以大致分为单室墓、前后多室墓至少2种。墓葬形制呈现了由多室墓向单室墓转变的趋势，但也不能完全体现出多室墓的年代比单室墓早。西晋时期的墓葬建造得大都比较规整，多数早期墓葬还保留着东汉中晚期的传统，但已经开始有简化的趋向。小型墓葬以单室墓为主，单室形状只有长方形一种，斜坡墓道大都在墓葬一侧，很少在中间，这与东汉中晚期的墓葬形制略有差异。中后期多为单室墓，改变了东汉以来流行的多室墓形制，墓室加高，结构更牢固。大中型墓葬以前后双室墓为主，有斜坡墓道、甬道、近方形或方形前室和长方形后室。后期方形前室的四

边有逐渐弧边的趋势，部分墓葬位于前室一侧的耳室逐渐不存或简化为甬道壁上砌筑的耳室式小龛。有很少的大型墓还保存着三室墓的形制，由前室、中室、后室三部分组成，前、后室呈长方形，中室为正方形；三室间以甬道（过洞）相连。

截至2019年底，北京地区发现的单室墓包括顺义大营村M7、昌平沙河M40和M42、密云西晋墓M1、华芳墓、石景山老山南坡西晋墓、景王坟M1和M2、房山区小十三里村西晋墓、大兴亦庄X10号地M51、房山水碾屯M1、M12和M13、北京鹿圈村西晋墓、延庆胡家营村西晋墓M788、延庆区东王化营M13和M14。其中华芳墓和老山南坡西晋墓有明确的纪年，为西晋晚期墓葬。大兴亦庄X10号地和延庆区东王化营的墓葬在原报告中未定到西晋，但其与洛阳地区西晋时期的墓葬形制相似，墓室已出现弧形四边。从现有资料来看，单室墓的年代大都定在西晋晚期比较合适。

前后双室墓包括有顺义大营村M1、M2、M4、M6和M8、石景山八角村西晋墓、延庆大榆树西晋墓M1、延庆胡家营村西晋墓M784、M785、M786、M949和M950、海淀区玉渊潭八里庄曹魏墓、昌平沙河M41。其中顺义大营村M8和延庆胡家营村M950带有明确的纪年砖，分别是泰始七年（271）和太康六年（285）。八里庄曹魏墓根据墓中所出弩机纪年铭文认为是曹魏时期，但墓葬中同时也出有典型的西晋时期陶器，弩机上的纪年铭文只能说明墓葬年代不早于公元244年，从墓葬形制和出土典型器物来看，该墓葬主体年代应在西晋时期。昌平沙河M41墓葬形制与其他几座略有不同，不是前后相连，而是方形墓室与长方形墓室并排而成，这种形制目前只此一座。

三室或以上墓葬发现最少，有顺义大营村M3和M5、延庆胡家营村西晋墓M397、大兴区四海庄M5。其中顺义大营村两座墓葬形制都是前中后三室且西壁位于一条直线上，四海庄M5可以看成由并排着的三个

前后双室墓相连接，能够看出该墓是从东汉晚期的多室墓演变而来，但墓葬形制已与东汉时期存有差异，尤其是墓道与过洞皆在墓室的一侧，以及前后室西壁位于一条直线上，这种结构与西晋时期前后双室墓更为接近。延庆胡家营M397形制是在前后双室墓的基础上又在前室一侧增加一间侧室。这类形制墓葬可以看出基本的框架与前后双室墓基本一致，只是在砖室的数量上有所增加。

这一时期的墓葬在建筑形式上有以下几个特点：首先，大型墓葬墓室的前部出现了斜坡墓道，坡较长且陡，中小型墓葬墓道比大型墓葬要短一些，后期都在墓道两侧壁留出递减的台阶，这在汉代墓葬中是不曾出现过的建造形式；其次，大中型墓葬墓室多采用"四面结顶"的方式建造，墓顶更高更坚固，墓壁砖则采用两卧一立或三卧一立的方法砌筑；再次，墓葬不论大小，单室或多室墓的后室多呈长方形，甬道不在墓室正中处，而是偏在左侧或者右侧，甚至位于墓壁左右两侧，使整个墓葬平面看起来呈"刀"形，这是西晋时期墓葬形制与东汉时期差异最大的一点；最后，北京地区西晋时期的墓葬呈现出较为分散的特点，从考古发现也能看出，西晋墓常常是一座或两座的零星出现，基本不成规模。不同于南方地区豪门地主聚族而葬、等级较为森严，北京地区作为游牧与农耕民族的交接地带，时常成为各民族竞相争斗的战场，缺乏世家大族生长的土壤，导致大家族聚集而葬的特征不是很明显。很少有超过五座墓以上的家族墓群出现，这种情况只在顺义大营村和延庆胡家营村有发现，墓葬形制基本一样，方向一致，墓葬位置之间有一定规律。

（二）随葬器物特点

北京地区西晋时期墓葬随葬器物仍以陶器为主，并有少量釉陶器，还未脱离东汉时期的影响。金属器以铜镜、印章、三

叉形器、臂钏等为主，叉形器、臂钏、手镯、双股发钗等金属饰物作为新的随葬器类也开始主要出现在这一时期，铜镜以带竖形铭文的"位至三公""君宜高官"等吉语铜镜为主，也是这个时期的典型器物之一。

1. 陶器

陶器是这一时期北京地区墓葬的主要随葬器物。种类有罐、壶、灶、圆奁、樽、仓、平底耳杯、厕、动物俑等从东汉时期就延续下来的器型，但与东汉晚期的形制存在着明显差异。东汉中晚期北京地区的大中型墓葬中多数都随葬有大型的建筑明器陶楼，北京地区西晋时期墓葬随葬器物中多不见陶楼，与东汉中晚期墓葬有着明显区别。魏晋时期大力推行薄葬，坚决反对厚葬，或许也是这个时期墓葬中多数都不随葬陶楼的一个历史原因。不但北京地区的西晋时期墓葬没有随葬陶楼，即使是河南发现的纪年墓等大型的墓葬也不随葬陶楼，恰恰是这个时期薄葬政策的一个重要发现。

其他如四系罐、牛车、武士俑、侍俑、镇墓兽、长方形陶槅、帐座、元宝形耳杯、空柱盘、绛釉小罐具有西晋时期特色。其中陶槅、元宝形耳杯、牛车等是最具特色的。陶槅是西晋时期新出现的器型，在洛阳地区的西晋墓中普遍出现，北京地区的海淀八里庄魏晋墓、房山小十三里村西晋墓、北京西郊景王坟西晋墓和延庆大榆树西晋墓中也有出土。槅也可称为果樏或多子盒，有文章指出槅只是借称，文献中它的正式名称应为"樏"，其中的小格称为"子"，分成多少格，就称为几子木樏，文献中就有"漆三十五子方木樏"的记载[④]。其从外形看可以分成圆形、方形和长方形等并分成数个不等的小格，是古代一种盛食物的盒子。西晋时期北方地区多以长方形为主，可以分成10个及以上小格，平底或带方形、拱形圆足。元宝形耳杯有别于东汉常见平底耳杯，假圈足底、稍圆且两侧上扬，剖面呈元宝

形。这类器物目前只在延庆大榆树西晋墓中发现。鞍马和牛车也是西晋墓中特有的，只在北京西郊景王坟的西晋墓中发现，其中牛车两件、鞍马一件。

北京地区西晋墓中除了随葬陶器外，还常常出土釉陶器。从东汉后期以后，瓷器慢慢开始增多。北京地区西晋墓葬中很少发现随葬瓷器，南方地区的随葬品中陶器的比例则开始逐渐减少，这主要因为南方瓷器制造工艺比北方地区更加成熟。北京地区的瓷器制造工艺比南方地区较为落后，因此随葬器物中陶器多为带釉陶器且满釉的较少，达不到瓷器标准。釉陶器大约开始出现于战国中期，至东汉时期其制作工艺达到一个高峰。汉代釉陶的釉色种类丰富多样，目前从墓葬出土的和博物馆藏品中可以看出，以绿色和黄色釉陶数量为主，尤以绿釉陶器数量最多。从西汉末期到东汉时期，绿釉陶器数量逐渐增加，甚至在东汉中后期始终占多数，墓葬中随葬釉陶的风气十分盛行。至东汉末年三国西晋起，各豪强武装集团之间的战争一直持续，给当时社会生产生活带来了极大的破坏。加上北方地区受到饥荒、干旱、水涝等自然灾害影响，经济同样遭到极大的破坏，导致釉陶生产受到严重影响，一度衰落，釉色、器型种类大不如前。西晋时期的釉陶以黄色和黄褐色为主。东汉时期北京地区墓葬中出土的釉陶器多以绿色为主，至魏晋北朝时期，尤其是西晋时期，墓葬出土的釉陶器多以黄色及黄褐色为主，如海淀景王坟西晋墓、海淀八里庄西晋墓、房山小十三里村西晋墓及延庆大榆树西晋墓等都出土了黄色及黄褐色釉陶，绿釉陶器种类相对较少。釉陶器型则以日用器、生活杂器和模型明器为主，如罐、盆、扁壶、灯、耳杯、樽、套奁、勺、槅、灶和武士俑等几种。

2. 金属器

这一时期随葬的金属器中，铜容器和金属首饰的出土种类和数量比东汉时期略高，尤其是三叉形器、臂钏、手镯和双

股发钗等。其中三叉形器是魏晋时期新出现的典型器物，北京地区部分西晋墓，如顺义大营村和延庆胡家营村墓葬中都出有这类器物，形制多为两端三叉，中间为长条形横框，横框不分栏。关于其用途，说法不一。有学者认为是文具或绕线板，后来大多数观点认为是魏晋时期贵族妇女的头饰⑤。现在还有一种观点认为这类器物不仅仅局限于女性的头饰，从出土位置看男墓主身边也出土有这类器物，或为固定假发的用具也是有可能的⑥。总之，叉形器的用途现在还未有明确定论，期待新的考古资料的出现。手镯、缠臂手钏和双股发钗都是从西汉至魏晋时期越来越流行，数量不断增加⑦。北京地区的西晋墓，如顺义大营村、延庆西屯墓地东区和延庆胡家营村西晋墓都出有手镯、缠臂手钏和发钗，昌平沙河M42出土有发钗。这类器物在北京地区汉代墓葬中尚未有发现，可作为西晋时期的典型器物。

铜容器有盆、熨斗、熏炉等，这类器物与东汉时期器型无太大变化。铜镜也是北京地区西晋墓中常见的随葬器物，其中以竖形铭文"位至三公"铜镜出土的最多，如顺义大营村、延庆胡家营村、昌平沙河、房山小十三里村、亦庄鹿圈村、密云大唐庄村和延庆西屯村的西晋墓中亦都有发现。这类铜镜纹饰相对简单，镜纽呈圆形较大，纹饰可分为内外两区，居中竖行竖读"位至三公"四字，到后期文字有省略少笔画等现象，两侧主要饰双夔凤纹，外接二圈或三圈弦纹及一圈栉齿纹或交叉线纹。这类铜镜开始出现于东汉晚期，主要流行于西晋时期。

三、北京和洛阳地区西晋墓的异同

洛阳地区是西晋统治的核心区，同时也代表了这一时期的墓葬规范并影响其他区域的墓葬制度。北京地区的西晋墓都不同程度地受到了洛阳地区墓葬制度的影响。此处所述之洛阳地区，是指以今洛阳市、偃师市为主的"洛阳盆地"周边，截至2016年底，已发现西晋墓葬360余座，公布材料的约260座⑧，数量是北京地区发现的五倍还多。

与东汉时期不同，西晋时期的墓葬制度开始有了显著的变化，并形成了具有自身特色的"晋制"⑨。从考古学角度来看，"晋制"包括以下几个内容。

首先墓葬"不封不树"，这在两个地区之间没有差别，北京地区的西晋墓都未发现有封土痕迹。其次是墓室由多室向单室转化，这在两个地区墓葬的发展趋势大体是一致的，等级高的往往是单室墓，如北京幽州刺史王浚妻华芳墓；多室墓只作祔葬用途，不体现墓主等级身份，也与洛阳地区相一致⑩。不同是北京地区尚未发现单室呈方形的砖室墓，而洛阳地区却发现很多。洛阳地区墓葬一般墓道、甬道和墓室中心线都位于一条直线上，北京地区往往是墓道、甬道和墓室都偏向一侧。单室墓在洛阳地区比较流行，占有很大比例，而北京地区单室墓数量略少于多室墓。洛阳地区西晋墓中常有角柱结构，且有些墓葬还做出仿木构的斗拱，结构相对复杂，这种现象未在北京地区的西晋墓中有所发现。再次是洛阳地区高等级墓葬中开始出现土洞墓，北京地区尚未发现。最后是魏晋之后开始形成新的明器制度和墓志的出现。洛阳地区西晋墓中常常随葬牛车、鞍马和不同种类俑群，这类随葬器型在北京地区也有发现但并不多见。其他大部分随葬器物种类与洛阳地区是基本一致的，但由于地域等其他因素，也产生了一定的差异性。北京地区西晋墓中没有发现镇墓兽和空柱盘这类器型，帐座发现很少，只有一例；陶槅多为大小10个格子，与洛阳地区差别较大。简单来说，洛阳地区的随葬品种类形制更丰富一些。北京地区有两处墓葬中出土有墓志，形状呈长方形，年代均为永嘉元年（307），属西晋晚期。西晋早期墓葬中未发现墓志，偶有纪年铭文砖，这种情况与洛阳地区基本一致。

四、结语

北京地区发现的西晋墓葬并不多，真正出土有墓志或纪年砖的则更少，部分西晋墓葬的年代大都定在了东汉晚期，于是研究北京地区西晋墓特点显得尤为重要。通过对墓葬形制和随葬品的研究，北京地区西晋墓可归纳为以下特点：一是墓葬以砖室墓为主，不见土坑墓和洞室墓；二是单室和前后双室墓居多，两室以上多室墓较少且单室呈长方形，前后双室及多室墓的前室或主室呈方形、后室或侧室呈长方形；三是墓道与过洞皆在墓室的一侧，以及前后室西壁位于一条直线上；四是墓葬四壁外弧的现象比较普遍，墓顶多见四角攒尖顶或穹隆顶，拱券顶较少；五是常见随葬器物，如黄色釉陶器、"位至三公"铜镜、三叉形器、臂钏、手镯、双股发簪及四系罐、槅、元宝形耳杯、釉陶小罐、牛车、武士俑等新出现器型。

本文对北京地区西晋墓葬特点做了初步研究，希望给大家提供一个新的思路，墓葬出现以上一个或几个特点时，需要考虑墓葬年代是否可能是西晋时期，而不再统统归为东汉时期。

①胡传耸：《北京地区魏晋北朝墓葬述论》，《文物春秋》2010年第3期。

②③胡娟：《北京地区东汉晚期至西晋时期墓葬研究》，吉林大学硕士学位论文，2018年。

④张海博：《敦煌博物馆藏晋代多子盒简说》，《北方作家》2009年第1期。

⑤孙机：《三子钗与九子铃》，《文物杂谈》，文物出版社，1991年。

⑥巩文：《汉晋时期叉形器的考古学考察》，《四川文物》2017年第6期。

⑦孙海彦：《两汉至南北朝时期金属首饰研究》，吉林大学硕士学位论文，2013年。

⑧张鸿亮：《洛阳地区汉晋墓研究》，郑州大学博士学位论文，2017年。

⑨俞伟超：《汉代诸侯王与列侯墓葬的形制分析——兼论"周制""汉制"与"晋制"的三阶段性》，见《中国考古学会第一次年会论文集》，文物出版社，1980年。

⑩刘斌：《洛阳地区西晋墓葬研究——兼谈晋制及其影响》，《考古》2012年第4期。

（作者单位：北京市文物研究所）

关于北京"博物馆之城"建设的几点思考

李学军

博物馆是一个国家、城市的文化符号，记录并标志着文明发展的过程和水平。在我国，博物馆是社会主义文化事业的重要组成部分、文化基础设施建设的重要方面、公共文化服务体系建设的重要内容、保障人民群众基本文化权益的重要阵地。

作为祖国的首都，北京不仅具有悠久的革命传统，更是一座闻名中外的历史文化名城，拥有十分丰富的文物古迹、历史名胜。北京的历史与现状、城市的地位与作用，决定了精神文明建设及形成特色文化产业是北京城市发展的重要方面，而博物馆在其中将占有重要的地位。近年来，陆续已有20余个城市、地区提出了建设"博物馆之城""博物馆聚居区""博物馆小镇"的目标，而在"十四五"期间建设"博物馆之城"也已列入北京文博工作的总体规划之中。下面结合工作实际对北京"博物馆之城"建设提出以下几点思考。

一、背景现状

1. 建设背景

随着社会经济的迅猛发展，"博物馆之城""博物馆小镇"等概念盛行，西安、南京、成都、广州、佛山、深圳、长沙、洛阳、郑州、大同等城市提出了打造"博物馆之城"的概念，设定了博物馆发展目标，在增加新馆建设的同时特别注重现有博物馆服务功能与质量的提升，助力

建设文化导向型城市，城市的历史记忆借此得到了全方位的保护和展示，更好地激发出了广大市民对自己城市的文化自信，也对城市文化形象的宣传和展示发挥了积极作用。

北京市全国文化中心的功能定位，决定了首都文化发展要以首善为标准。为深入贯彻党的十九大关于坚定文化自信、推动社会主义文化繁荣兴盛的战略部署，努力传承保护好北京历史文化的金名片，助力全国文化中心建设，"将博物馆更好地融入经济社会发展大局、构建具有新时代特色的博物馆公共文化服务体系"已成为我市"十四五"期间博物馆建设发展的努力方向。为此，北京市文物局结合北京地区博物馆资源特点，在2020年"5·18国际博物馆日"期间提出了北京建设"博物馆之城"的设想。北京现有备案博物馆197座，具有中央大馆集中、类型内涵丰富的特点，有着建设"博物馆之城"的良好基础。北京市文物局将在国家文物局的指导下，在"十四五"期间探索、布局北京建设"博物馆之城"的总体构想，推进博物馆之城建设的各项工作。

2. 资源现状

北京现有博物馆资源丰富。截至目前，全市行政区域内备案博物馆197家（实有开放博物馆187家）。按行政隶属关系划分，央属61家（实有59家）、市属49家（实有48家）、区属45家、非国有42家（实有35家）；按区域划分，东城区38

家、西城区30家、朝阳区36家、海淀区30家、丰台区12家、石景山区3家、门头沟区3家、房山区6家、通州区6家、顺义区2家、昌平区11家、大兴区6家、怀柔区4家、平谷区2家、密云区1家、延庆区7家。其中一级博物馆18家、二级博物馆10家、三级博物馆11家；免费开放博物馆82家；行业博物馆25家；院校博物馆10家；利用文物保护单位作馆舍的博物馆50家。另有非备案准博物馆约200家。全市博物馆馆藏品465.2万件/套，北京市登录"全国可移动文物普查信息登录平台"的国有可移动文物收藏量5014533件/套、11615790件，其中珍贵文物1095216件/套。博物馆每年累计举办展览600余项、活动逾千次，年服务观众超过5000万人次。

二、总体构想

（一）指导思想及意义

"博物馆之城"的建设应围绕北京城市的战略定位，强化首都意识，坚持首善标准，立足北京博物馆现状，突出北京特色。博物馆数量不是唯一追求，但相当的数量规模是"博物馆之城"的重要内容，同时应以强化优势、弥补弱项为原则，以质量发展为目标，提升国有博物馆策展能力和公共文化服务水平，用好非国有博物馆和社会各方资源，打造布局合理、展陈丰富、特色鲜明的博物馆之城。

"博物馆之城"的建设应按照"一轴一城、两园三带、一区一中心"的城市空间布局理念，以"十四五"文博发展规划为统领，围绕全国文化中心建设，深入挖掘并有效整合北京的博物馆及各类文化资源，系统梳理与展现城市文化脉络，充分发掘和展示北京3000多年建城史和800多年建都史的深厚文化底蕴，搭建北京"博物馆之城"建设的空间构架，完善城市博物馆建设体系，将传统文化与现代基因相结合，发挥博物馆在塑造北京城市品质、表现首都文化方面的重要作用，融古都文化、京味文化、红色文化、创新文化于一体，讲好北京故事，彰显北京作为世界历史文化名城的魅力与影响力，将博物馆更好地融入经济社会发展大局、构建具有新时代特色的博物馆公共文化服务体系，塑造北京文化精神与城市品格，形成独具特色的北京"博物馆之城"。

北京建设"博物馆之城"，符合首都核心功能定位的需要，符合人民群众对更高品质精神文化生活的需要，将助力全国文化中心建设。同时，充分利用腾退空间、公共空间、闲置空间建设博物馆等文化设施，可为未来文化产业的高质量发展提供储备资源，为北京城市发展提供长盛不衰的文化自信内在动力。

（二）基本原则

1. 坚持规划先行、科学发展。

立足当前、着眼长远，主动将博物馆建设与重大城市规划、区域建设等结合起来，把博物馆建设与老城保护、城市治理等结合起来，纳入整体规划进行科学布局，着力推动博物馆科学发展。

2. 坚持问题导向、守正创新。

深化博物馆供给侧改革，创新博物馆管理的机制体制，建立现代博物馆制度，激发博物馆内在发展活力，完善博物馆文化传播内容的形式和手段，完善博物馆的社会服务功能。

3. 坚持分类指导、分区推进。

聚焦重点、带动全局，将博物馆发展主动融入城市经济社会发展大局，统筹推进不同区域、不同层级、不同属性、不同类型博物馆的均衡发展，构筑精准化的服务管理格局。

4. 坚持资源共享、协调发展。

强化与全国文化中心的协同共进，坚持将"博物馆之城"建设与北京文化中心建设、文化产业发展结合，实现协同推进、功能互补、相得益彰。

5. 坚持强化质量、发挥特色。

北京"博物馆之城"建设质量为核心，建成领先全国的高质量博物馆集群；

强化公共服务，提升博物馆文化供给，让博物馆事业发展服务社会、服务市民；强化国内外交往，依据北京国际交往中心的功能定位，加强博物馆对外国际交流，助推北京发展；强化首都特色，扶植发展老字号、街区胡同等北京地方文化特色鲜明的博物馆项目。

6. 坚持政府主导、社会参与。

树立"博物馆之城"建设为了人民、依靠人民的理念，充分发挥政府和社会两方面的积极性，鼓励社会力量共建、共管博物馆，不断优化博物馆事业发展环境。坚持以人为本、多部门合作、全社会参与，充分调动社会各界力量参与博物馆建设的积极性。

（三）发展目标

围绕全国文化中心建设的总体目标，以促进博物馆事业健康发展为目的，从建设、管理、扶植、保障等诸多方面规划博物馆行业的总体发展，建设主体多元、结构优化、布局合理、展陈丰富、特色鲜明、富有活力的博物馆体系。在"十四五"期间完成并发布"博物馆之城"建设规划，并逐年安排工作实施目标，最终实现北京"博物馆之城"。

1. 博物馆体系逐步完备。

立足北京特色，充分发挥资源优势，大力推进博物馆建设，完善博物馆体系。发展历史综合系列、自然科技系列、名人故居及革命文化系列等特色博物馆体系，丰富文化资源。

2. 服务能力和影响力持续提升。

坚持以人为本的发展理念，强化博物馆社会责任，完善博物馆社会服务功能，提升展览展示水平，增强社会教育和文化传播功能。

3. 形成一批高水平博物馆和特色文化品牌。

提升博物馆整体水平，通过新建、改扩建，形成一批以首都博物馆东馆、国家自然博物馆为代表的高水平博物馆。在"十四五"期间，北京地区博物馆发展方向将完成从数量增加到质量提升的转变，全力提升达到国家一、二、三级博物馆的数量，同时通过"文博展览季"等方式打造一批展览陈列精品，树立文化品牌。

4. 文化交流丰富活跃。

充分利用北京全国文化中心的平台优势，加强与国内外文博及相关文化机构的合作交流，形成合作机制，充分发挥北京地缘优势推进各项文化交流，将中华优秀传统文化、北京特色历史文化更好地进行展示。

5. 形成与时俱进、开拓创新的发展思维。

依托博物馆事业平台，拓宽文化文物资源社会共享渠道，推进现代化科技成果在博物馆中的应用，完善文博创意产业发展体系，大力推进线上数字化展览展示，推进智慧博物馆建设。

三、空间布局及工作思路

以"一轴一城、两园三带、一区一中心"的城市空间结构布局为基础，搭建北京"博物馆之城"空间架构，在现有博物馆资源的基础上，指导各区、各单位在新建博物馆过程中，充分考虑城市总体空间布局，力争做到"优势共享、布局科学"。着力构建以轴线为条、以博物馆聚集区为块、以区级综合博物馆为区域中心辐射全区、以大型现代化高端博物馆为文化地标的网络状博物馆空间布局。

具体工作可从以下六个方面着手。

1. 体系建设——完善博物馆体系建设，促进博物馆空间合理布局，新建一批以首都博物馆东馆为首的特色博物馆项目。

结合北京城市新总规、全国文化中心建设、中轴线申遗及三个文化带建设，鼓励各区结合自己的定位制定本区博物馆建设规划，补齐短板，新建一批特色博物馆项目。鼓励社会力量参与，围绕首都文化内核，兴办能填补首都博物馆门类空白及体现首都产业特色、文化特性的专题性场馆，注重博物馆聚居区、博物馆群落的建设。逐步建设以央属博物馆为引领、市属博物馆为主干、区属博物馆为分支、非国有博物馆为补充、社区乡村等准博物馆为末梢的博物馆体系，最终形成各种所有制并举、门类新颖齐全、内容丰富多彩、布局科学合理、社会功能显著的博物馆行业发展新格局。

将各区腾退的文物保护建筑利用为博物馆馆舍，吸引社会力量办馆；利用老旧厂房、工业园区建设博物馆聚居区、博物馆群落；鼓励符合条件但未备案的企业博物馆、院校博物馆、社区博物馆等进行博物馆备案工作，纳入规范化管理；固化准博物馆概念，将不符合备案条件但实际存在并对外开放的博物馆性质单位纳入各区文旅局备案管理范畴；鼓励行业企业、大专院校、社区乡村、传统老字号等以多元化形式兴办博物馆。

2. 提升水平——提升现有博物馆的服务供给力、社会影响力、办馆质量和社会功能。

通过加强博物馆藏品的保护研究与利用、提升展览陈列水平、强化教育传播职能、完善服务设施等手段，着力提升现有博物馆的软硬件水平；推进智慧博物馆建设、提供智能化服务，加强博物馆社会服务功能的延伸，不断拓展博物馆服务空间；丰富博物馆的社会角色与责任内涵，让博物馆融入城市生活，成为公众获取知识、陶冶情操、接受教育、休闲娱乐的文化场所。加强博物馆间在展览陈列、教育活动等方面的交流合作，推动博物馆专业化、可持续化发展，提升整体水平，争取打造一批专业化程度高、社会影响力强的特色博物馆。

同时，"博物馆之城"建设不仅要依托于博物馆的力量，更需要不同类型博物馆之间的交流互通与有机融合。

3. 层级管理——进一步推进博物馆的分级管理。

根据我市实际，将博物馆发展主动融入城市经济社会发展大局，将扶植、推进博物馆建设发展的责任落实到各级政府职能部门中去，形成市、区、街乡、镇村的层级管理；落实属地责任，统筹推进不同区域、不同层级、不同属性、不同类型博物馆均衡发展，构建均等化、普惠化、便捷化的现代博物馆服务体系与博物馆社会管理体系。针对不同行业类型、不同隶属关系、不同发展层次的博物馆，实施差别化的扶持政策和管理举措，构筑精准化服务管理格局。

4. 政策扶植——动员各职能部门、全社会共同参与，积极推动各种所有制博物馆的发展。

在明确各市级部门职责的前提下，统筹市发改、财政、规自、文旅、民政等部门的职能，各部门联运协同，给予博物馆全方位的支持，并形成保障博物馆事业发展的政策体系。充分发挥企业集团、大专院校、科研院所、团体组织等社会力量的资源优势，激发社会力量共同参与博物馆建设与发展的积极性。落实《关于推动北京市非国有博物馆发展的意见》，对非国有博物馆的发展予以鼓励和引导。从市级层面重点扶持能填补北京博物馆门类空白、藏品等级高、展示效果好、影响力显著的博物馆建设。

5. 文化传播——加强博物馆形象宣传与文化传播，提升博物馆社会影响力。

鼓励各馆积极发掘自身特色和优势，充分利用各类媒体平台进行多角度、多途径宣传，提升博物馆文化形象与文化传播，树立有影响力的博物馆品牌。"博物馆之城"建设的最终目的还是服务于广大社会公众与市民的精神文化需求，通过推介与宣传，可进一步增强社会各界、公众市民对"博物馆之城"的认同感与归属感，进而激发全社会的参与性，并从中获得平等、多元、包容、开放的博物馆文化服务，让广大市民和游客能够感受无处不在的博物馆文化的魅力，最终达到公众的精神文化生活融入博物馆、博物馆融入社会百姓生活，"博物馆之城"成为广大市民的城，成为市民心中的文化圣殿。

6. 集团助力——扩大博物馆机构的外延，形成多元化的辅助力量。

有效整合现有博物馆资源，形成名人故居系列、革命文化系列、北京文化系列、遗址遗迹系列、自然科技系列等，形成有影响力的博物馆联盟品牌，充分发挥博物馆资源类型优势，形成合力；将博物馆建设与文化资源相结合，以历史文化街区、文化遗产、工业遗产等成片资源为依托，将文化遗产保护利用与博物馆建设相结合，强化城市文化资源的整体保护与展示利用。将文化中心、科普场馆、图书馆、档案馆、美术馆、展览馆等文化单位，以及社区乡村博物馆、村史乡情博物馆、校史馆、厂史馆、军史馆、企业馆、老字号等未经备案但对外开放的准博物馆纳入"博物馆之城"的外延。

四、重点任务

1. 推进国有博物馆建设。全力推进首都博物馆东馆、路县故城遗址博物馆、门头沟区永定河博物馆等新馆建设；完成北京大葆台西汉墓博物馆、北京艺术博物馆等单位的改扩建工作；协助北京自然博物馆新馆、中国长城博物馆、上宅文化陈列馆新馆建设。

2. 扶植非国有博物馆发展。完善针对非国有博物馆的扶持机制，对非国有博物馆的发展予以鼓励和引导。以博物馆运行评估为依据，通过出台相关资金补助办法等政策，激发社会力量积极参与博物馆。

3. 加强区级博物馆和特色博物馆建设。力争每区拥有一座综合性博物馆，重点扶植远郊区博物馆建设；重点扶植弥补内容缺环的博物馆建设；重点扶植老字号等北京文化特色博物馆建设。规范社区乡村博物馆等小微博物馆管理，大力扶植社区乡村博物馆中通过提升水平可以达到博物馆备案资格的博物馆；试点博物馆聚集区、博物馆小镇建设。

4. 指导推进各区编制区域博物馆发展规划及出台扶植博物馆发展政策措施。探索各区利用腾退修缮后的文物建筑吸引博物馆入驻、合作运营的模式机制。提升备案博物馆软硬件水平，大力倡导、具体指导北京地区博物馆申报国家一、二、三级博物馆。结合事业单位机构改革，探索建立博物馆内部激励机制和奖励机制，激发博物馆内在活力和创造力。

5. 完善北京博物馆大数据平台建设，丰富服务功能、实现监管功能，提升数字化、信息化水平。以"双随机、一公开"模式建立博物馆日常业务工作监管机制。加强博物馆行业宏观管理，同时建立博物馆社会评价体系。发布《年度博物馆行业发展报告》。

6. 创新博物馆文化传播方式，大力推进博物馆利用数字信息技术开展云展览和网络直播，强化线上博物馆建设和文化服务功能，打造永不落幕的博物馆展陈。打造"5·18国际博物馆日"、中华传统节日活动、文博展览季等特色文化活动品牌，提升文化内涵。

7. 建立全市博物馆行业展览陈列项目库及主题文化活动项目库，探索试行博物馆策展人制度。夯实博物馆可移动文物保护工作，规范博物馆藏品管理，加强对文物修复资质单位的业务监管。大力发展博物馆创意产业，促进博物馆与城市经济融合发展。解决博物馆文化事业单位餐饮服务、文创经营、纪念品书刊销售等问题，打造特色文化创意产品。

8. 设立全市性博物馆发展专项资金，通过专家评审方式每年扶植若干博物馆陈列展览项目、文化活动项目及硬件设施提升项目。探索建立大馆小馆协作机制，形成大馆帮扶小馆的工作模式。将博物馆纳入全市经济社会发展中，拓展博物馆旅游市场，实现博物馆夜间开放常态化，拓展博物馆社会服务功能；规范博物馆研学旅游。

9. 深入发掘北京地区的革命文物资源，将博物馆建设与革命文物资源利用相结合。推进对外文化交流，建立对外文化交流项目库。发挥博物馆学会行业组织自律功能，推进市、区两级博物馆学会体系建设，代行部分政府职能。

五、保障措施

1. 政策保障。

完善博物馆健康发展的政策保障体系。围绕发展的重点领域，密切联系发展实际和宏观环境变化，加强政策储备、研究制定和协调落实，为各项发展目标实现提供有力支撑。重点围绕博物馆布局建设、区域发展、运营管理、加强京津冀文博事业协同发展等重点领域和关键环节，搞好政策法规的制定和实施。

2. 资金保障。

加强与国家文物局、市发改委、市财政、相关区政府的沟通，编制"博物馆之城"建设相关项目，为规划实施和目标任务完成提供有力的财政资金保障。重点加大对围绕"博物馆之城"建设的重点项目的资金支持。推动建立区财政资金对区级及以下博物馆建设、运行维护的资助政策，合理安排博物馆业务工作经费预算。

3. 机制保障。

加强文物行政部门的政策引导、法规标准制定、宏观管理和执法督察职责。推动市、区两级博物馆建设的联动机制。优化各级各类博物馆的发展环境，健全博物馆专业化建设的扶持资助机制。深化博物馆事业单位改革，推进博物馆法人治理结构建设。健全以业绩为依据、以能力为导向的人才评价、选拔机制和多劳多得的激励机制。

4. 人才保障。

加强文博人才培养，形成动态交流的博物馆人才培养机制；积极探索文博系统干部专业培训的有效途径，打造高素质人才队伍；开展博物馆各业务领域的领军人物、业务骨干及复合型经营管理人才梯队建设。统筹推进文博行业党政、专业技术等各类人才队伍的建设和管理，为首都文博事业发展提供人才支撑和保障。鼓励和支持博物馆行业与高校、科研院所合作共建、联合培养人才。

5. 安全保障。

大力推动博物馆安全防护工程建设，推进全市各级博物馆、可移动文物库房的安全防护工程建设，借助人防、物防、技防等手段，有效提高博物馆安全风险预警、预判能力。全面落实博物馆安全主体责任，为"博物馆之城"建设打牢安全基础。

总之，北京"博物馆之城"的建设，应在统筹谋划、顶层设计、全民参与的前提下，充分调动各级政府和社会各界的积极性，不断优化博物馆行业发展环境，完善城市特色博物馆体系，建立现代博物馆管理制度。"博物馆之城"建设也必将发挥博物馆在传承城市文明、涵养城市品格、表达城市精神、塑造城市形象、丰富城市生活等方面的独特作用，成为具有首都风范的独特精神家园。

（作者单位：北京市文物局）

博物馆"互联网+"跨界融合的若干思考分析

吴　千

"互联网+"的网络媒体融合技术手段目前已经全面运用于博物馆行业，深刻体现了"互联网+"平台在优化利用博物馆优质资源、传递博物馆信息以及改善受众体验中的实践作用。现代博物馆由于受到跨界融合模式的明显影响，因此决定了博物馆的具体技术人员必须要善于利用"互联网+"媒介，创造更为丰富以及多元化的博物馆场景体验，增强与提升博物馆的跨界融合实践能力。

从技术基本含义的角度来讲，互联网+的技术本质就是运用互联网媒介来连接不同的领域与行业，旨在促进与保障网络信息数据的高效准确传播，降低行业领域的运行成本资源。具体针对博物馆行业而言，具有服务性与公益性的博物馆机构应当将跨界融合的思路措施贯穿于博物馆的日常工作过程，运用跨界融合的互联网+平台来展示优质的博物馆资源，有效促进博物馆的公众服务水准与层次提高。

一、博物馆"互联网+"跨界融合的基本含义与特征

（一）"互联网+"的技术特征及内涵

作为经济形态中的全新形式而言，"互联网+"技术的存在意味着各个行业生产以及居民生活过程都要连接于网络，互联网媒介因此成为了沟通联系各个领域、共享数据信息资源以及节约行业实践成本的重要支撑手段[①]。现代社会由于受到"互联网+"的创新技术手段影响，因此决定了行业经营生产中的物质资源将会得到优化分配，明显加快了信息数据在网络系统内的传输速度，增加了社会生产运行的快捷性[②]。

在目前的情况下，"互联网+"的网络媒介创新技术手段已经全面催生了跨界融合模式。社会各个领域在全面实现跨界融合的实践过程中，网络技术资源将会得到最优化的使用，有益于社会生产成本获得节约。跨界融合模式对于原有的行业领域界限进行了成功的突破，有效促进了生产技术信息的共享与互通。由此能够判断得出，"互联网+"的重要技术手段诞生与发展具有不可忽视的价值。

（二）"互联网+"技术在促进博物馆跨界融合中的必要性

首先是共享博物馆的宝贵信息资源。博物馆的宝贵技术资源只有在得到全面共享的情况下，才能展示博物馆的基本职责与功能。"互联网+"对于共享博物馆的珍贵藏品资源表现为明显促进效果，从而在根本上优化了博物馆的功能实现方式。不同行业博物馆以及不同区域博物馆在共享互联网资源的全过程中，博物馆的信息数据资源、历史文化资源以及物质设施资源都能得到科学的配置使用，明显促进了博物馆在各个层面领域中的信息资源共享效益提高。

其次是合理控制博物馆的技术实施成本。博物馆对于各种类型的文化公益活

动在进行开展举办时，都必须建立在物质资源充足的前提下。博物馆只有具备了充足与丰富的物质资源支撑，才能确保博物馆完成公共文化教育的重要使命职责③。"互联网+"的博物馆基础设施设备具有高效运行的特征，能够帮助博物馆人员汇总与处理大量数据，而且非常便于博物馆的资源信息得到共享与利用。因此从现状来看，博物馆必须要正确应对自身职能转型的全新技术挑战，依靠虚拟智能化的网络媒介来高效利用基础设施资源④。

第三是优化博物馆受众的场景互动体验。跨界融合手段运用于博物馆的场景创建过程具有重要实践意义，从而让受众体验更为丰富、立体化以及多元化的陈列展览场景。受众在进入博物馆虚拟化与立体化展览空间之后，受众就可以体会到非常强烈的视觉震撼效果，加深了博物馆展览过程中的受众体验印象⑤。在网络技术的强大支撑与影响作用下，博物馆的虚拟布展空间场景将会达到更加新颖的视觉欣赏效果，有效调动了受众热情与兴趣，全面激活受众的深层次情感体验。

二、博物馆"互联网+"跨界融合实例——5G全景博物馆体验日活动

2020年11月26日，由北京博物馆学会行业博物馆专委会、中国自然科学博物馆学会专业科技博物馆专委会、中国铁道学会铁路文化与博物馆工作委员会联合组织的5G全景博物馆体验日活动在中国图书进出口有限公司成功举办（图一）。5G全景博物馆体验日活动包括全景体验、全景书展、全景博物馆、全景文化空间、全景视频五个环节，展示了5G科技赋予文化行业的独特魅力，对于5G科技领域新媒体发展与博物馆融合进行了全新诠释。

5G全景展厅是由270°三折幕组成的全景空间，通过自主研发的中控台即可完成5G全景展厅所有的功能操作。全景展厅

图一 2020 5G全景博物馆体验日

通过裸眼VR技术将全景视频、全景出版、全景场景等全景内容呈现给观众，为用户带来沉浸式的5G新体验（图二）。此项技术是在利用5G技术提取博物馆素材的基础上，现场实景取样，并通过超高清3D技术、独特的VR叙述脉络精修绘制，打造充满立体空间的超时空文化体验。全景展厅基于博物馆藏品、馆藏文字、图片、音视频、展览等资料，利用5G+VR/AR等技术打造"5G+VR全景系列产品"，为用户提供虚实结合、动态互动、生动逼真的"5G云观展"场景。此技术同时也能将图书、绘本、艺术等传统2D读物相结合，开发成3D全景内容，形成全新IP，对其内容进行全景改编，使传统的平面读物从纸面上"活"起来，为用户打造身临其境的阅读新体验。新技术赋予全景博物馆全新生命力，5G阅读线上还原国家图书馆甲骨文记忆展，"数学沉浸展"通过智能埋点技术对文物进行全方位、立体展示（图三）。5G技术还能将VR眼镜与平板电脑通过智能硬件通信技术相互联动，用户不仅可以在

图二 三折幕全景博物馆展示

图三 "数字沉浸展"甲骨文记忆展

平板电脑上选择视频观看，还可以戴上VR眼镜同步平板电脑中的视频播放进度和视角。使用过程中，只需拿起或放下VR眼镜即可在平板电脑和VR眼镜之间自由切换。

5G全景博物馆"唤醒"并"活化"了博物馆传统文化，优化了文化传播方式和渠道，对博物馆"互联网＋"跨界融合有很大的启发作用。基于5G内容应用行业领先优势和泛终端传播优势，助力博物馆向纵深化、精细化、多元化、大众化方向发展，实现传统文化的继承、发扬和创新。

三、博物馆"互联网＋"跨界融合的具体实现要点

近些年以来，跨界融合网络技术手段的深入推进对于博物馆行业已经形成明显影响，客观上驱动了博物馆加快各个领域工作的创新转型速度。博物馆行业在履行自身职能的各个环节中，博物馆的技术人员应当加深针对跨界融合模式的认识，认真学习互联网＋的现代信息技术，促进自身综合业务素养的优化与提高[⑥]。

博物馆具体在实现跨界融合的过程中，合理运用"互联网＋"技术应当体现为以下的转型思路对策：

（一）全面引进博物馆的新颖陈列展览方式

博物馆在目前现状下如果要充分突出公益服务职能，最根本的措施与途径应当体现在陈列展览模式创新。广大受众对于充满生动与立体化场景的陈列展览模式更

加易于接受，因此达到了博物馆情感吸引力增强的实践目标。为了达到以上的良好技术实施效果，那么博物馆的部门负责人员应当创新展览陈列方式，依靠更加新颖与多元化的"互联网＋"技术来营造受众喜爱的博物馆陈列场景[⑦]。

跨界融合在根本上意味着博物馆的相关负责人员必须要巧妙运用网络技术平台，对于智能化的陈列布展实施方法进行最大限度的利用。博物馆如果能运用互联网平台来创造立体化的动态展览情境，那么陈列展出藏品的情感吸引效果将会得到非常明显的提升。与此同时，博物馆的展览设计人员还要善于烘托动态化的展览环境氛围，让受众遵循时间演进线索来体会深刻的博物馆人文内涵，激发展览参观人员的人文情感共鸣。

例如对于VR的场景营造技术手段在进行普及与推广时，博物馆的具体技术实施人员应当将VR技术手段灵活运用在布置虚拟布展场景的各个环节。在此前提下，进入博物馆空间的参观人员将会体验到全新的虚拟布展情境，激活受众的联想探索思维。技术人员对于动态化的灯光调节技术、平面布展设计技术、自动控制技术等"互联网＋"技术都要进行正确的操作运用，从而在根本上创新博物馆的展览陈列情境。

（二）增进博物馆人员与广大受众的联系与互动

博物馆如果缺少了数据资源共享以及信息互动的重要技术保障支撑，博物馆人员以及博物馆受众就无法达到紧密联系的状态，不利于博物馆向受众及时传递公共教育信息。因此，博物馆人员应当将"互联网＋"的重要智能化平台手段有效运用于联系沟通广大受众，让公众真正感受博物馆人员的热情关怀态度，增强受众对于博物馆工作人员的信任情感。"互联网＋"重点表现为微博互动手段、微信公众号与其他网络互动媒介，社会公众可以在登录博物馆微博或者微信平台终端之后，

实时分享自己对于博物馆职能实现方式的反馈建议，加深博物馆人员以及受众的情感联系交流。

博物馆的具体工作人员对于自身业务素养应当不断予以提升，确保博物馆人员都能积极学习与利用"互联网+"平台媒介，增强受众沟通与交流的实践能力。博物馆的管理负责人员应当严格要求博物馆工作人员努力改进业务实施方式，更多运用信息化的博物馆受众沟通联系方式来传递博物馆的数据信息资源，满足不同受众群体的基本要求⑧。博物馆的各个领域工作人员应当定期针对公众反馈信息进行完整全面的收集，运用收集受众反馈建议的方式来督促博物馆改进与创新工作模式，充分突出"互联网+"媒介在改进博物馆工作模式过程中的价值作用。

（三）整合博物馆的数据信息资源

博物馆的宝贵数据资源构成了博物馆的珍贵无形资产财富，相比于博物馆的有形资产来讲，数据信息资源本身存在于网络的虚拟环境中，因此决定了数据信息资源将会面临丢失与篡改的更大安全风险。为了实现优化利用博物馆珍贵网络信息资源的目标，博物馆的管理人员应当深刻认识博物馆信息安全的价值作用，有效维护博物馆的基础信息资源完整性。博物馆的管理人员如果能够判断为博物馆的数据资料与资源已经存在丢失隐患，那么立即应当查找博物馆网络系统产生安全漏洞的根源，对此实施及时的弥补。

博物馆对于数据资源应当纳入网络共享范围，依靠博物馆的数据资源共享机制来促进博物馆数据资源的最大化价值发挥。博物馆对于数据资源应当进行优化利用，整合碎片化的博物馆数据信息，从而发挥出博物馆数据资源应有的价值。在目前的现状下，博物馆机构应当善于利用APP的网络新媒体手段来共享博物馆资源，避免博物馆存在闭塞与滞后的信息数据流通现象，各个地区的博物馆之间也要积极共享数据信息资源。

（四）研发博物馆文创产品

博物馆的技术人员对于新颖文创产品在深入研发的环节过程中，应当充分突出"互联网+"辅助研发平台的重要保障支撑作用。目前开发新颖文创产品的实践思路正在不断得到调整与创新，文创产品的开发主体也日益表现为多元化的发展趋势。各地博物馆长期以来通过开发博物馆文创产品的方式来吸引博物馆受众，显示了博物馆在文化创意产业转型实践中的重要促进地位。文创产品开发的宗旨就是紧密结合特定产品开发需求来融入文化创意，确保在开发新产品的各个环节与阶段中渗透文化创意元素。

文创产品只有在具备新颖性与创意性的基础上，才能保证博物馆的各种文创产品对于受众形成强大的情感吸引效应。在"互联网+"媒介全面推广于博物馆各个实践领域的目前现状下，文创产品的研发技术人员必须要准确体察受众需求，致力于满足受众群体对于文创产品的真实需求。博物馆的产品研发技术人员应当重点针对不同知识层次、不同年龄段以及不同欣赏需求的公众群体研发新颖产品，增强公众对于新颖博物馆文创产品的好感。"互联网+"技术的全面推进客观上允许了博物馆人员运用多元化的视角来完成产品研发过程，充分保证了文创产品在消费者群体中产生强大的吸引作用。

对于各类文创产品实施全面开发的工作内容应当包含在博物馆的核心工作范围，旨在促进博物馆运用新颖的文化产业创意角度来研发文创产品。促进与推动文创产品深度开发的着眼点主要在于提炼标志性的文创产品内涵，开发特色化的优秀文创产品。博物馆应当能够做到科学结合当地公众消费层次与水准，确保在开发多元化文创产品的实践工作中合理划分产品开发维度，突出商业化、产业化与创意性的文创产品深入研发目标。博物馆属于公益性质的文化传播机构与部门，博物馆对于文创产品进行开发工作的基本目标就是丰富馆内文化资源，吸引公众观赏外观造型新颖以及文化内涵丰富的文创产品，从而达到提升公众人文综合素质的目的。博物馆目前不能缺少5G的网络融合产品研发技术用于提供支撑。

结束语

经过分析可见，互联网+的全新技术媒介与技术手段客观上推动了博物馆的跨界融合目标实现。在互联网+的当前时期背景下，博物馆的公共服务基本职能已经得到全面的优化，博物馆的运行实施资源也获得了合理的节约。具体在实践中，博物馆的具体负责人员必须要严格审核博物馆的数据信息真实性，督促博物馆的展览服务人员积极学习互联网+技术，从而为博物馆的广大受众群体创造更加丰富与立体化的展览陈列场景体验效应。

①桂沫：《互联网时代博物馆文物管理中文物保护的创新性路径》，《参花（上）》2021年第2期。

②沈扬、徐丹：《基于融合性的盐城黄海湿地博物馆展示设计策略研究》，《美术教育研究》2021年第1期。

③付玙璠、邵璐：《跨媒体叙事赋能新闻产品IP运营——以"时光博物馆"为例》，《视听》2021年第1期。

④姝雯：《浅谈中小城市博物馆文创产品的研发与供给——以赤峰博物馆为例》，《赤峰学院学报（汉文哲学社会科学版）》2020年第12期。

⑤王景武：《探析"互联网+"时代高校博物馆对青少年教育功能的拓展》，《吉林省教育学院学报》2020年第12期。

⑥张校：《基于信息化视角的博物馆发展与服务策略——以重庆市博物馆为例》，《传媒论坛》2020年第24期。

⑦黄璐：《融媒体时代博物馆宣传推广机制创新研究》，《新媒体研究》2020年第23期。

⑧申冰：《"互联网+"背景下博物馆新文创建设路径研究》，《包装工程》2020第2期。

（作者单位：中国铁道博物馆）

中小型博物馆革命主题展览的策划实施与社会意义初探：

以"丰碑不朽——庆祝中华人民共和国成立七十周年北京地区红色石刻展"为例

王逸晗

革命主题展览是博物馆临时展览的类别之一。每逢重要节日、重要历史事件纪念日、重要领袖人物诞辰或逝世纪念日，大中小博物馆往往会推出相关的革命主题展览。这类展览与一般的临展不同，它承载着向社会大众进行革命传统教育和爱国主义教育两大职能，因此受到各方面的关注和重视。相比大型综合类博物馆而言，中小型博物馆虽然在资金、馆藏资源、研究实力等方面存在不小的差距，以至于临时展览呈现出来的效果也与大馆难以比拟，但就革命主题展览的社会宣教效果来说，中小型专题博物馆数量众多，分布范围广泛，直接关联街道、社区，深入基层群众，反而别具优势。例如，为庆祝中华人民共和国成立七十周年，天津美术馆举办的"他们与共和国同龄——京津冀油画肖像邀请展"、周恩来邓颖超纪念馆举办的"中国人民站起来了——周恩来与新中国的诞生展"、北京市正阳门管理处主办的"岁月·初心——建国70周年京津冀文化艺术作品展"、北京石刻艺术博物馆举办的"丰碑不朽——庆祝中华人民共和国成立七十周年北京地区红色石刻展"等。如果中小型博物馆在策划革命主题展览的过程中选择与自身优势特色相契合的主题、深化内容设计、创新形式设计、加强

宣教力度、突破传统类型局限，展览的整体水平会得到极大提升。

一、主题选择

对于博物馆来说，首先要根据自身性质、任务、社会环境和观众构成等因素进行，确定展览选题，这是博物馆实现其主要社会功能的基本前提，也是展览总体研究与设计工作的第一项任务[①]。

2019年是中华人民共和国成立七十周年，作为中国历史进程中的重要节点，是博物馆推进爱国主义教育的一大契机，同时，也为其后庆祝中国共产党成立一百周年的展陈工作进行了有效的先导。对中小型博物馆而言，最重要也是最难的节点在于选取一个合适的角度进入主题。而专题博物馆的优势在于可以直接以本馆专题类型作为革命主题展览的切入点。北京石刻艺术博物馆此次"丰碑不朽——庆祝中华人民共和国成立七十周年北京地区红色石刻展"（以下简称"丰碑不朽"展）正立足于本馆特色，以"红色石刻"作为展览的主要载体，使展览内容丰富、饱满。深入来说，革命类展览的选题策划应综合考虑以下三个方面。

（一）扩大研究范围，形成学术体系

有观点认为"博物馆要具有当代的活力，必须时时思考自己的文化能量，而且这种能量可能不是现成的，需要认真发掘和开拓，把艺术更为内在的联系忠实演绎出来。所以，认真而深入地研究显然成为当代博物馆的一个基本的任务。"[②]博物馆不仅需要认真而深入地研究，更需要建立一定的学术体系。中小型博物馆研究方向往往较为固定，但并不意味着没有拓展的空间。以北京石刻艺术博物馆为例，本馆现存石刻藏品2600余件套，其中包含有珍贵的北朝造像、唐代墓志、金元石雕、清代石碑及名家书法石刻等，但对近现代石刻尤其涉及近代革命历史的碑刻遗存的收藏和研究一直是短板。本次尝试策划"丰碑不朽"展览，获得了北京师范大学、北京市鲁迅中学、北京植物园、万安公墓等多家单位的支持，克服了馆藏资源不足的现状，让展览内容得以充实。虽然受展厅面积限制的影响，展览展示内容有限，但通过本次临展扩大了本馆石刻研究的时空范围，把近现代石刻遗存纳入了本馆学术研究体系，为日后相关研究奠定了扎实的基础。

（二）充实相关藏品收集，加强品牌形象建设

为深化、传播优秀历史文化，21世纪以来我国越来越重视博物馆的品牌化发展，博物馆在展览举办、文创产品开发等方面都强调品牌塑造与传播[③]。一方面使得博物馆更贴近国民的生活，符合当下的传播需求；另一方面，也在一定程度上缓解博物馆产业资金不足，达到推动博物馆产业可持续发展的目的。品牌建设对中小型博物馆的发展尤为重要。

品牌建设离不开丰富的"家底"[④]。如香山革命纪念馆"为新中国奠基——中共中央在香山"展览筹备期间，分派多个小组赴多省区市的革命类纪念馆和档案馆征集、复制文物档案资料1500件（套），最终上展文物1200多件，可见用心之良苦。同样，北京石刻艺术博物馆此次制作"丰碑不朽"展览的初衷之一，也是为丰富本馆馆藏近现代石刻文物资料，为近代石刻文物的相关研究奠定基础、为后续设计制作建党一百周年主题展览、建国八十周年主题展览等革命主题展览积累更加丰富的材料。

（三）推动红色教育，扩大公众效益

革命主题展览的目的很明确——普及革命历史知识，强化爱国主义精神。博物馆要做的就是把展览向更大范围的观众推广，实现展览效果的最大化。对于综合性博物馆来说，观众大都为馆藏精品而来，关注近现代革命史主题临时展览的观众较少。而中小型博物馆的观众群虽然体量小，但相对更稳定，馆舍环境也相对安静，没有密集的人流，更加有利于观众静心品读这类主题较为厚重的展览。

北京石刻艺术博物馆与大中小学各团体及馆址所在街道联系紧密，日常前往参观的散客有一大批是附近居民，可充分体现中小型博物馆扎根基层、服务基层的优势。1995年北京石刻艺术博物馆被确定为北京市级爱国主义教育基地后，进一步明确了定位，致力于为广大学生、党员、普通群众讲述好北京地区历代石刻文物的历史故事。而"丰碑不朽"展，是本馆成立以来首次尝试策划革命历史类主题展览。此次临展的主题之所以大胆地选择了馆藏资源并不丰富的近代红色石刻相关文物，也正是基于展览对推动本地区红色教育的积极作用及社会效益。

党的十九大将推动文化事业和文化产业发展作为推动社会主义文化繁荣兴盛的重要内容。报告中指出，要完善公共文化服务体系，深入实施文化惠民工程，丰富群众性文化活动，加强文物保护利用和文化遗产保护传承。博物馆作为公益性文化服务机构，承担着为人民群众提供优质文化服务的社会责任。但是就目前国内博物馆的临时展览陈列内容来看，除革命遗址类博物馆外，中小型博物馆往往囿于资

源、资金、能力等问题怯于尝试红色主题展览。而北京石刻艺术博物馆的此次尝试，对于实现革命主题展览落地社区、加强革命文物的保护利用与传承发展、构建现代化公共文化服务体系等众多方面都具有重要借鉴意义。

二、内容设计

红色主题展览的内容选择与一般临时展览有很大差异，因涉及中共党史、军史上的重大事件和重要任务，思想性和政治性都较强。导致对大多数观众来说，展览的内容通常较为严肃，存在距离感。另一方面，此类临展的结构和叙事往往还以传统教科书式说教模式策划，对事件背后的人、事、物没有进行充分的挖掘，使观众参观时难以入眼、入脑、入心。以上种种问题，都反映出内容设计的重要性。

北京石刻艺术博物馆在"丰碑不朽"展的内容设计上主要遵循以下两方面原则，即突出本馆特色和突出地域特色，充分调动区域内的相关资源以充实内容、完善细节，让展览切实符合观众的参观需求，吸引更多观众注目。

（一）突出本馆特色

从以往经验来看，博物馆制作的革命主题展览更多展示土地革命、抗日战争、解放战争等时期的文物，涵盖纸制品、金属品、木制品、纺织品等多种类别，通过丰富的展品达到高度还原历史的效果。但是中小型博物馆馆藏资源有限，往往只能选择某一类文物作为切入点来阐释历史。

在这些文物中，纪念碑是为纪念已故人物或大事件而树立的石碑，以后人的视角树立丰碑、缅怀先烈，是以往的红色主题展览中较少出现的形式。北京石刻艺术博物馆以纪念碑碑刻拓片等作为"丰碑不朽"展览的主要展示内容，既新颖脱俗，又贴合本馆主题特色，以小见大地反映革命历程。

另外，基于我馆对石刻艺术领域

图一 北京师范大学"三一八殉难烈士范士融、刘和珍、杨德群纪念碑"

的研究，还在展览中通过北京师范大学"三一八殉难烈士范士融、刘和珍、杨德群纪念碑"（图一）和鲁迅中学"三一八遇难烈士刘和珍、杨德群纪念碑"向观众普及了"方尖碑"的相关知识，将革命历史与石刻文化相结合，满足不同观众的参观需求。

（二）突出地域特色

一个地域所独有的地理位置、建筑模式、城市布局、民俗风情、语言表达等都具有当地地域文化的独特性，而博物馆就是其所在地域的文化标志，无论何种内涵的专题博物馆都应该主题突出、个性鲜明、能彰显地域文化特色和民俗特性的⑤。红色主题展览并不意味着千篇一律，而应该全面而真实地表现近代革命历程，因此各地方博物馆更应着重展示和讲述具有地方特色的物与历史故事。如2018年是改革开放四十周年，深圳博物馆举办"大潮起珠江——广东改革开放40周年展"、安徽博物院举办"向往——'我'与安徽改革开放四十年"展，都获得好评。

北京石刻艺术博物馆在"丰碑不朽"展中利用北京地区近现代碑刻拓片集中展现了新民主主义革命时期（1919—1949）发生在北京的重要历史人物与事件，强调地域特点，使展览区别于综合型大馆，也更能够与属地居民产生共鸣、引发参观热情。通过讲述北京这一方土地上的革命故事，把握好细微之处的历史，将红色基因传承于参观者的内心深处。

"英雄母亲"邓玉芬是习近平总书记在2014年7月7日全民族抗战爆发77周年纪念活动中提及的人物，她的事迹之前较少为人所知。在此次展览中，我们不仅把"英雄母亲"的雕像照片（图二）作为重点陈列对象，还通过讲述痛失亲人的故事把英雄人物形象深植于观众内心。像这样具有本地特色的"历史符号"还有很多，有待进一步发掘和展示。

三、社会教育

教育是博物馆功能的一项重要组成部分，博物馆教育有别于课堂教育，没有规定的课程任务和学习进度，是一种以自我为导向，由自身兴趣、好奇、探索、操作、幻想、与社会互动而产生的学习动机，在参与的过程中强化体验、积累知识和培养能力，使外在的知识转变为内在的认知和自觉的行动⑥。"丰碑不朽"展在

图二 "英雄母亲"邓玉芬雕像

社会教育方面有如下特点：

（一）设计与互动

革命主题展览，受限于文物匮乏，往往展览形式较为单一，大多以图片展为主、文物展为辅。其次是表现形式简单，除图片、文物外，较少设置观众互动项目。相比于形式多样、互动丰富的科技馆、艺术馆逊色不少。

2015年，八路军武汉办事处旧址纪念馆组织武汉市《现代少年报》60余名小记者到馆开展"小时候·寻找我身边的抗战遗迹"活动，并带领小记者们观看"铭记历史 警示未来——纪念中国人民抗日战争暨反法西斯战争胜利70周年"图片展。这一将红色主题展览与青少年教育相结合的形式取得了良好的社会反响。2019年，东北烈士纪念馆主办的"黑土英魂——东北抗日战争和解放战争时期烈士事迹陈列"展中运用多媒体场景复原，生动再现艰苦卓绝的战争岁月，受到观众的认可。以上案例均表现出形式设计多样化在革命主题展览设计应用中的巨大效果。

此次北京石刻艺术博物馆"丰碑不朽"展览面积虽小，但制作团队充分考虑互动在观众参观体验中的重要作用，提取了展览内容中的重要元素——"碧血丹心"，仿制了石刻用作现场拓片体验——拓片是保存石刻内容（包括文字、绘画等的艺术形式）的重要手段和方法，观众可以通过现场观摩和体验拓片手法、欣赏捶拓效果，直观地了解石刻及其背后的历史文化。

（二）讲好红色故事

对于参观者来说，讲解是观展的重要组成部分。习近平总书记曾强调"要讲好党的故事、革命的故事、根据地的故事、英雄和烈士的故事"，每一件展品都讲述着一个故事，讲解员某种程度上就是"不会说话的展品"的代言人。因此，讲解在很大程度上直接影响着参观者对整个展览的投入与否⑦。对于制作团队来说，在撰写讲解词的时候要兼顾内容的丰富性与细节

性，同时考虑观众的接受度，并非易事。近现代史在当代社会的普及率比古代史要高，这就意味着大部分近现代史的历史事件和重要人物更为人们所熟知，因此更需要不断深入挖掘历史事件和历史人物背后的故事，以吸引观众。通俗不等于庸俗，浅近不等于浅薄，文物与公众进行"对话"的关键在于，将文物研究的学术成果转化为历史文化的知识成果，这是一个去术语化、去学术语境的过程，也是一个构建历史文化关联的过程⑧。在"丰碑不朽"展览的讲解设计中，团队以北京师范大学"三一八"纪念碑、万安公墓李大钊烈士陵园、北京植物园"保卫华北"刻石、平西抗日根据地英雄人物白乙化和"英雄母亲"邓玉芬作为讲解重点；在讲解过程中，将著名的历史事件与观众情感构建联结，用小人物背后的大故事抓住观众的注意力，最终有效地把展览的主题主旨传递给观众，达到讲解的效果（图三）。

革命主题展览的宣教意义不同于一般临时展览，其宣教难度更高于其他展览。所展出文物的价值几何、近现代史的普及程度、展览主题是否空泛等诸多因素都会影响展览与观众之间的联结程度。通过采用多媒体等高科技手段、针对不同层次观众加强互动、促进内容与形式的紧密结合、强化革命主题展览的感染力、吸引力和震撼力等多管齐下，展览才能真正走进观众的内心，从而达到更好的社会教育目的。

图三 讲解员向观众讲述邓玉芬的故事

四、突破局限

从1948年前后建立的黑龙江东北烈士纪念馆和辽宁苏联红军战绩馆开始，我国革命纪念馆事业正式走上了蓬勃发展的道路。不仅如此，各大综合类博物馆、中小型博物馆也都会在重要的节日、纪念日等节点推出革命主题展览，宣传革命精神，进行爱国主义教育。近几年，每年全国各地推出红色主题展览近百余场，逐渐同质化的趋势可能导致观众的流失，这一现象不得不让博物馆人重新思考如何让主旋律展览重回大众视野。

（一）摆脱模仿，支持原创

中小型博物馆在尝试制作革命主题展览时，常常囿于诸多因素，选择模仿、借鉴或直接引进展览的工作模式，导致展览陈列、服务项目、文创产品等诸多方面都出现不同程度的相似或雷同⑨。类似的展览风格和内容势必让观众产生审美疲劳，从而对同类展览失去兴趣。《博物馆事业中长期发展规划纲要（2011—2020年）》指出："不同类型博物馆采取适应自身特点的办馆模式，避免千馆一面。"馆舍要有自身的特点，展览更要适应自身的办馆模式，尽可能减少模仿和引进。因此，中小型博物馆在策划革命主题展览的时候可以"剑走偏锋"地采取一些措施避开自身的不足。例如在馆舍内开辟一个小面积的临展专区，采用月度更换展品的期刊展形式，制作为期一年的临时展览。这种形式既不需要占用或开辟大面积的展厅，也无须花费昂贵的设计制作费用，对于展柜、多媒体设备等耗材来说，不仅数量要求更低，还可以循环使用。

另外，革命主题文创产品的开发也应引起重视。仅2018年深圳博物馆"大潮起珠江——广东改革开放40周年展览"配套文创产品就销售近两万件⑩。革命主题文创产品的开发，应在深度研究展览内容的基础上，挖掘文物内涵、响应时代要求、结合社会审美与观众定位进行设计研发，类别可不拘泥于常见的文具、饰品等。

（二）加强合作，资源共享

总体来说现阶段革命主题展览的宣传普遍缺乏计划性，且宣传方式在有效地结合社会热点和观众兴趣点一层上略显不足，虽然在一定程度上能够已经运用到网络和社交媒体，但很多展览在民众中的知名度依然不高，导致此类型展览长期处于"养在深闺人未识"的状态[⑪]。这显然违背了博物馆推出展览的初衷。

中小型博物馆希望提高展览知名度，可采取馆际交流、联合办展等模式。中华大地上的革命传统文化在不同地区、不同时期都是互联互通的。如2010年全国"八办（八路军办事处）联盟"举办联展活动"追寻伟人足迹——全国周恩来纪念地联展"；2015年武汉"八办"与西安"八办"联合举办"永远的丰碑——全国八路军办事处史实展"[⑫]，随着交流互鉴的规模不断扩大，各地中小型博物馆的知名度也将得到提升。

（三）吸引人才，加强培养

据笔者了解，当前很多中小型博物馆的陈列大纲、形式设计等都外包给展览公司。"策展""释展"等概念近几年才引进国内，还需要与国内目前的展览策划模式进行长期的适应与磨合。人才匮乏已经严重制约了博物馆展览的推陈出新及原创性。展览策划是一个综合性较强的工作，除专业知识外，还需要具备组织协调、现场调度、应急处突等多方面综合能力。这就要求博物馆逐步引进复合型人才，并不断鼓励青年员工参加培训，充分锻炼各方面能力，使每个博物馆都能打造出一支属于自己的、具备专业化水准的展览策划团队。

突破现有局限，走出"借鉴""引进"的舒适圈，不仅依靠多管齐下的理论支持，更需要中小型博物馆敢于迈出行业的第一步，充分相信社会环境的助推作用和观众的理解与支持。只有在不断摸索中前进、和观众达到充分地双向沟通，才能让革命主题展览越来越深入观众内心，切实发挥作用，实现传承红色基因的意义。

五、余论

近年来，在各类革命题材专题展览不断推陈出新的背景下，中小型博物馆在策划与实施革命主题展览的时候，需要通过主题的选定、文物展品的选择、形式设计的配合诠释，讲解表达的艺术等各方面的合力才能把展览效果最大化；在突出革命相关文物的特殊性的同时深入挖掘背后的故事，让观众充分感受革命传统文化中的灵魂，让中国革命的伟大征程通过博物馆的特殊语言——展览在现实中得以延伸，"永不落幕"。

革命文化是中国特色社会主义文化自信的源头，是中国革命胜利的文化支撑和精神标志。博物馆就是革命文化传播的重要渠道，而中小型博物馆则是分流的小河小溪，有效继承和弘扬革命传统文化既离不开大馆的搏动，更离不开小馆的循环与流淌。作为中小型博物馆的工作人员，我们要铭记，红色基因的传承永远在路上。通过展览让中国革命的人物、事件、精神深入人心，坚持探索适合我国国情的革命主题展览形式、为实现中华民族伟大复兴做出应有贡献，我们只争朝夕。

---

①王宏钧：《中国博物馆学基础》，上海古籍出版社，2001年，第255页。

②⑤臧晓敏：《关于新时代专题博物馆展览策划的几点思考——以无锡市周怀民藏画馆为例》，《文物鉴定与鉴赏》2019年第16期。

③张晋：《博物馆品牌化运用——以故宫博物院为例》，《文物鉴定与鉴赏》2018年第11期。

④刘小花：《革命类博物馆临展策划的现状与思考》，《中国文物报》2020年8月4日第5版。

⑥杨秋：《杜威"从做中学"的理论内涵对我国博物馆教育的启示》，《科技传播》2011年第5期。

⑦朱桂玲：《小展览 大效应——〈红色历史展〉

"走红"的思考》，《档案管理》2015年第2期。

⑧肖宇：《博物馆：让文物讲述城市的故事——从〈常州宝语〉的编撰谈起》，《中国文物报》2018年4月24日第7版。

⑨周璞、肖宇：《试论中小型博物馆的同质化与个性化》，《博物馆研究》2019年第2期。

⑩相瑞花：《革命纪念类展览独具特色》，《中国文物报》2019年5月28日第7版。

⑪曹慧娴：《如何经营好革命纪念馆的临时展览——以韶山毛泽东同志纪念馆为例》，《中国民族博览》2019年第5期。

⑫王莹：《浅谈革命类纪念馆临时展览的策划与实施——以八路军武汉办事处旧址纪念馆为例》，《中国纪念馆研究》2017年第1期。

（作者单位：北京石刻艺术博物馆）

百年红楼　惊艳再现

——北大红楼主题展展陈工作回顾与思考

黄春锋

北大红楼是一座具有光荣革命传统的近代建筑，是李大钊、陈独秀、毛泽东等人开展革命活动的重要场所。这里曾掀起新文化运动的高潮，是五四运动的重要策源地、北京的共产党早期组织诞生地，对推动全国范围共产党组织的建立发挥了重要作用。2020年3月，北京市将北大红楼列为"北大红楼与中国共产党早期北京革命活动旧址"之一，进行保护修缮，内设主题展和六处旧址复原。本展览在北大红楼内成功举办，是国内举办宏大叙事性历史主题展览的一次尝试与突破，也是积极的探索。本文围绕该展览相关工作进行总结与回顾。

一、展览概况

北大红楼在新文化运动史、中国共产党成立史上具有重要的地位。北大红楼是革命圣地，与井冈山、延安、西柏坡一样，围绕北大红楼，新文化运动、五四运动在此展开，李大钊、陈独秀、毛泽东等一大批革命先贤在此工作，并开展革命活动，留下了众多遗迹。本展览立足深入思考在北大红楼旧址办展的意义，以突出表现北大红楼作为最早的中国共产党活动地、五四运动的出发地、马克思主义传播的主要阵地、中国共产党人进行早期革命实践探索的地方具有重要价值和意义，注重体现北大红楼的价值和意义，从外观和内部陈设两方面还原红楼历史原貌，增强

观众参观的代入感、沉浸感、愉悦感。

（一）展出场地

北大红楼始建于1916年，落成于1918年，前身为北京大学第一院，是一座具有光荣革命传统的近代建筑。全楼通体以红砖砌筑，红瓦铺顶，砖木结构，平面呈工字形，高四层，附有一层地下室，占地面积1万平方米。北大红楼是见证五四运动爆发，李大钊、陈独秀、毛泽东传播马克思主义和民主科学进步思想，中国共产党孕育，北京共产党小组诞生的重要场所，是中国共产党早期重要活动地，仁人志士探索民族复兴的重镇，具有重要的历史价值。1961年3月4日，北大红楼被国务院公布为第一批全国重点文物保护单位。

（二）展览内容

该展览以马克思列宁主义、毛泽东思想、邓小平理论、"三个代表"重要思想、科学发展观、习近平新时代中国特色社会主义思想为指导，以党的十九大精神和习近平总书记关于党史等系列重要讲话精神为遵循，以北京与中国共产党创建为主题，全力打造反映中国共产党创建时期北京革命活动光辉历史的主题展馆。展览系统梳理展示中国共产党早期组织及出席中共一大代表中与北京党组织密切相关的成员内容，重点凸显北京在中国共产党创建过程中作出的重要贡献；全面展示北京党组织指导北方各地党团组织建设的内容，凸显北京在领导北方工人运动、推动北方地区革命事业蓬勃发展的重要历史地

位，围绕李大钊、陈独秀、毛泽东等早期建党人物，全面展示中国共产党创建时期北京革命活动的光辉历史，重点展现北京作为新文化运动的中心、五四运动的策源地、马克思主义早期传播的主阵地、中国共产党的主要孕育地之一，在中国共产党创建史上所具有的独特贡献。

展览分为"近代以来探索救国救民方案的失败 工人阶级登上历史舞台""唤起民族觉醒 构筑新文化运动的中心""高举爱国旗帜 形成五四运动的策源地""播散革命火种 打造马克思主义早期传播的主阵地""酝酿和筹建中国共产党 铸就党的主要孕育地之一"五个部分，展出图片约958张，文物（含实物、文献、档案等展品）1357件，生动展现中国共产党创建时期北京革命活动的光辉历史。

在展览图片上，深入挖掘整理有关新文化运动、五四运动、马克思运动传播及北京早期党组织的珍贵历史图片，形成较为系统的历史图片红色基因库。展览中重点展示了从美国杜克大学搜集的关于五四运动的历史图片，以及从俄罗斯国家社会政治历史档案馆征集的关于李大钊出席共产国际五大的相关图片，生动展示了北京早期革命活动的珍贵历史瞬间。

该展览在文物展示上，以文物来证史，通过全国性文物征集活动，征集到大量珍贵历史文物及档案，展览中矩阵式展示全部63期《新青年》杂志（图一）；重点展示了深刻影响青年毛泽东的马克思主义著作《共产党宣言》等原件；展示了新中国成立前《共产党宣言》六个全译本；展示了中国共产党筹建时期理论机关刊物《政治生活》原件；展示了中央档案馆馆藏毛泽东的党证和毛泽东亲自填写的中共八大代表登记表、北京代表在中共一大上所做的《北京共产主义组织的报告》；展示了北京市档案馆馆藏北京大学学生参加五四运动的相关档案和首次公开的关于

图一 矩阵展示《新青年》杂志

李大钊被捕及牺牲的历史档案，通过展览来还原历史细节，提升展览的可看性、准确性。

（三）展示方式

对嵌入式展览、沉浸式观展进行了积极的尝试，结合展览内容、遗址复原与北大红楼本体结构，充分运用人技工程学。合理运用现代科技展览手段。在不破坏北大红楼旧址、不干扰展览整体历史氛围的情况下，适当运用全息技术等现代科技展陈手段，合理运用外部灯光等，烘托展览整体展示氛围。立足现实，结合现实，在展示手段、手法上下功夫、动脑子。受场地限制，该展览共59个展厅，依据"一室一展示、一厅一主题"的原则进行设计布展。

重点文物重点展示。根据文物特点，文物展柜式样突破原有模式，展柜体现通透性，与展厅相结合。课桌式展柜，使纸质文物有复原感。透视展柜最大限度展示北大红楼建筑本体原有的历史风貌。本展览立体文物少，纸质文物多。打破了历史类展览文物堆砌的展示传统，在数量少的文物基础上优中选优，选取最具有代表性的文物进行集中重点展示，并通过异性文物展柜，合理确定文物展出地点，绘画、雕塑等艺术作品相组合式展出，到达最有效果。

组合式展示。通过图片、文物、文字版及艺术景观组合、全息影像、电动地图、立体浮雕、浅浮雕、立体展墙、油画、模型、阵列式展柜、旧址复原、沉浸

式展示等19种展示手法、手段进行展示。展示形式及手段上，该展览打破传统历史展览的宏观叙事设计理念，以绣花针的精神做精品展览。该展览遵循节约办展、可持续办展原则，坚持以文载史、以图述史、以物证史，灵活运用最新科技手段，综合运用视频影像、灯箱橱窗、绘画作品、微缩景观等多种展陈形式和手段，确保展览政治性、思想性、艺术性的高度统一，做到内容严肃准确，形式灵活多样，打造多元教育文化环境，推进党性教育入脑入心。

本次展览全面实践了嵌入式展览理念，即展览内容与红楼本体完美结合。组织专门团队，深入挖掘红楼历史、红楼文化，将宏大历史叙述与北大红楼本体相结合，通过综合运用雕塑、油画、场景复原、全息影像等综合展示手段，各种展览元素得到精彩呈现，使展览更具有历史感染力，让观众得到沉浸式观展体验。

二、展陈设计难点与亮点

本展览项目最大的亮点也是最大的难点是，展览是在具有百年历史的全国重点文物保护单位北大红楼内展出，目前还是鲜有可供参考借鉴的先例。展陈设计重点解决两大答题：如何在不破坏北大红楼本体建筑的前提下利用好原有结构做好展览，如何将展览与北大红楼完美结合？

展览设计作为一种表达方式，是联系展览内容与观众的重要枢纽通道，展览设计工作是在不断地超越自我。空间局限，场地分散且不适合做展览是客观存在。展览如何与红楼本体相结合。立足现实，在展示手段与手法上做工作。以嵌入式展览理念，展览形式设计上力求保持原有建筑的历史文脉，以庄重、简约、朴素、精致的原则进行形式设计及施工，将展览、北大红楼进行完美结合。

（一）全国重点文物保护单位内举办主题展览

本展览是第一次在全国重点文物保护单位——北大红楼内举办大型主题展览。处理好展览与北大红楼保护利用的关系是举办展览活动的前提，全面、系统地对北大红楼进行"体检"，经权威部门认证，北大红楼举办大型主题展览的条件。

展览坚持不破坏北大红楼本体结构，展览内容、流线服从北大红楼本体结构的原则。将北大红楼既作为展出场所，也作为展览一部分（图二）。北大红楼就是一栋具体的实在文物，是一栋具有重要历史文物价值的大型"文物"，将北大红楼本体作为展览中的重点展示文物融入展览中，是本展览的一大亮点特色。

大纲撰写人员深入思考呈现给观众什么样的红楼，展览内容紧紧围绕"找寻初心 重温使命"的主题思想，深入挖掘相关历史背景，让观众通过参观，在精神上受到洗礼、灵魂上受到触动。注重增强展览的革命故事性。同时，展览内容注重充分展示波澜壮阔、惊心动魄革命年代的革命故事，烘托展览氛围，如李大钊英勇就义等革命气概等，还原历史真实、深挖历史细节，选择生动展现人物精神面貌的历史图片，增强展览历史感，震撼观众的心灵。展示了从中央新影厂、上海音像资料馆等搜集的反映巴黎和会、十月革命、李大钊出席共产国际五大、邓中夏演讲及组织开展工人运动等珍贵历史影像，增强展览的历史现场感。

图二 展览与北大红楼本体相结合

充分挖掘北大红楼与中国共产党早期北京革命活动的深厚历史，立足新文化运动纪念馆丰富馆藏文物及对历史背景的研究深入，结合大量真实历史档案、珍贵历史文物，借助多种科技展示手段，展览与复原充分结合，互相映衬，充分展示北京特色、体现北京地位，综合、全面展示北京在中国共产党建立及早期的革命活动。该展览集政治性、思想性、艺术性于一体，围绕重点内容核心叙事，将展览与旧址复原恰当结合，实现展览中59个展室"一室一专题，一室一方案"，全面展示北京在中国共产党创建过程中的重要作用和历史贡献，并将全市31处革命旧址相关内容及展览信息纳入展陈流线，统一标示、统一内容、同时展出、合理规划，实现全市建党革命旧址矩阵联动。

（二）展出场地大面积小展厅

北大红楼原始功能为教学楼使用，可使用面积达8000平方米。作为教学楼，楼内按照教室功能以隔墙隔断方式分成百余个面积十余平方米至六十平方米大小不一的隔间。给展览内容布置、流线设计带来了巨大挑战。

展览设计重在小空间，大设计，精细制作。展览流线、展示手段甚至展出道具等都受到巨大限制与制约。展览无论是内容还是形式设计上，都重点围绕、突出观众参观的历史代入感而进行。在有限的展示空间内，将展览内容通过科学合理的展示手段与展厅相结合。

展览在北大红楼一至四层举办，分为59个展厅，6处遗址复原场景展厅，每个展厅做到内容上"一室一专题"，形式设计上"一室一方案"，并与北京各区县31处相关遗址遗迹同时展陈，形成矩阵联动效果，达到展览娓娓道来、信手拈来，与观众形成互动，实现润物细无声的效果。

（三）展览流线上上下下

北大红楼不仅是展览举办的场地，也是展览的一部分。李大钊、陈独秀、毛泽东等中国共产党人在此领导创建了中国共产党，并积极开展革命活动。观众到北大红楼首先是瞻仰北大红楼本体，其次是参观展览。展览是配合北大红楼建筑本体。展览为基本陈列，将在若干年内展出。为保护红楼建筑本体，提供高质量的参观服务，采取预约式参观，并对参观人数、参观线路进行科学合理的规划。

展览流线参观线路是设计的难点与亮点。展览分布于北大红楼59个房间，经过反复讨论，根据展览内容，并充分结合场地实际，结合北大红楼本体及展览内容，该展览参观路线设计为以北大红楼楼梯为界，参观过程中东部展区为自下而上，西部展区为自上而下，最后回到一层西部展览结束部分。流线设计充分考虑了6个复原景观场地，是众多流线中最佳参观路线。

三、对今后展陈工作的思考与启发

展览作为一项复杂的综合性系统文化工程，既是一种大众文化形态，也是一种视觉艺术形态，兼具文化和教育双重属性。该展览是在文物古建内举办的主题展览，受红楼建筑本身及室内格局的影响、制约，与在新建大型场馆内举办的主题展览相比，更具有挑战性。在上级单位的指导、支持下，经过展览参与单位的通力协作、团结一致不懈努力，展览成功举办，取得了预期社会效果。更为今后举办大型主题展览提供了参考与借鉴。坚持北大红楼本体保护与展览利用相统一的原则。

（一）破与立的关系

打造嵌入式展览。传统意义上，大型主题展览尤其是宏大叙述性展览都要在新建的场馆内举行，对展览场地的面积、高度等都有一定的要求。本展览突破了宏大叙事展览展厅面积高大上的传统，该展览以"精致 精心 精细"为原则设计制作，确立了大型主题展览也可以通过努力做得精致、耐看的范例。

大型主题展览不一定要在现代建筑内

举办。突破传统思维中的大型主题展览，创新古建筑内举办大型主题展览的模式。国家博物馆、军事博物馆是在保留外立墙面，内部全部另建的建筑内举办大型主题展览。

该展览定位为具有一定文化底蕴的历史展览，重点提升观众参观的质量与获得感，挖掘北大红楼教学楼的原有功能，努力实现观众对话式观展，展览展示与观众参观形成完美结合。作为嵌入式展览的有益尝试，该展览还正确处理了展览与遗址复原的关系，展陈注重呈现北大红楼文化、红楼元素，恰当处理展览与建筑本体间的关系，展览有机嵌入红楼，让观众获得沉浸式参观体验，与历史交流、与人物对话。

（二）大与小的关系

大展览小空间。大型主题展览不能只有"大"而且需要"小"。该展览展陈总面积达8000平米，与目前主流新建纪念馆展陈面积相比，不可谓不"大"，但是，8000平方米的体量分散在59个大小不同展厅内，又是如此的"小"。该展览能够取得成功，就是正确处理好了"大"与"小"的关系。"大"不只是体现在内容多么丰富、场景多么宏大，更应有"小"的能力，在大小不一的59个的展示空间内，能够综合运用多种手段进行展示。

观众到北大红楼参观是一次"追寻初心、重温使命"的教育，最终要实现精神上的洗礼、灵魂上的触动。在展览大纲撰写、形式设计工作中，参与人员先学习、先感动，切实领会展览主题内涵，才能以饱满的热情去做一个有灵魂的展览。本展览实现了不局限于空间的"小"，给观众参观留足思考空间的"大"。参观、思考、精神启迪形成一体、育人无声、无形。立足展厅实际情况，综合运用多种展示手段，实现展览各部分内容的"微循环"，以"绣花"的功夫，让展览惊艳亮世。

（三）多与少的关系

展厅数量多文物数量少。北大红楼早期作为图书馆、教学楼使用，处于保护红楼本体结构的原则，展览利用原有结构进行布展展出，展厅数量达到大小不同的59个，在全国同类型展览中是罕见的。北大红楼具有百年历史，新文化运动、五四运动、中国共产党早期北京革命活动的历史厚重，史料、文物数量浩如烟海，李大钊、陈独秀、毛泽东等相关历史人物如群星闪烁，如何取舍、确定展览内容，如何在有限空间内进行重点展示。

展览内容上，紧紧围绕展览主题，依据重点人物突出，重大事件不漏，围绕展览主题、突出展览主题的原则撰写展览大纲、确定展出内容，展示手段服务展览内容，充分考虑实际展出场地，少用声光电的原则。更多地营造沉浸式参观空间（图三），多给观众创造思考的空间，通过有限的展览空间，展示无限展览精神内涵。千余件纸质文物，巧妙展示设计，让无言的文物讲述真实的历史。在科技展示手段上，原则上少采用现代科技手段。展示手段与展厅相适应，更生动的展示，更生动的故事，才能触动内心，育人无声。

（四）急与缓的关系

2021年是中国共产党建党100周年，围绕这一主题，不同部门都在筹备大型主题展览。该展览作为重大政治性展览，与其他政治性展览一样，展览工作也可用急

图三 沉浸式展陈方式

难险重来形容。但是，作为在北大红楼内举办的展览，不能一味强调工期急，更要注重工作的缓。"急"在展览必须克服疫情造成的影响，要按时保质开展，在较短的时间内完成楼体修缮、展览筹备工作；"缓"在确保疫情防控的条件下，开展前期筹备工作做足做细，以"绣花"的耐性去做足做细展览设计工作。

2019月9月，该项目启动相关筹备工作，初步计划于2021年初进行预展。2020年初，新冠疫情爆发，筹备工作进展被迫延缓。新冠疫情缓解后，大纲撰写、文物征集、现场施工等对展览工作有了更严格的要求和烦琐的措施，使得本就有限的布展时间更加紧张。

（五）点与面的关系

"点"是指北大红楼暨主题展览，"面"是指包括北大红楼、中法大学等分布于北京市的31处中国共产党早期北京革命活动旧址。在中国共产党早期北京革命活动中，形成了以北大红楼为中心，以北京李大钊故居、中法大学旧址、《新青年》编辑部旧址、长辛店留法勤工俭学预备班旧址等31处革命旧址遗迹。

在本展览中，该展览"以点带面"，以北大红楼为中心点，将31处旧址内容合理植入展览中，且与中法大学等9处专题展览内容上相互补充、统一设计、统一标识、同时开展，合理规划参观路线，形成点与面的结合，发挥最大社会效益。

北京，不仅是新中国的首都，更是重要的革命发源地。"红色序章　光辉伟业——北大红楼与中国共产党早期北京革命活动主题展"作为献礼建党百年主题展览，将因北大红楼而享誉全国，百年北大红楼也因展览而更加深入人心。

（作者单位：中国共产党早期北京革命活动纪念馆）

大数据时代的博物馆信息化建设

——以故宫博物院信息平台为例

杨　喆

在今天的大数据时代，大数据的全面收集与分析，为我们提供了一个前所未有的看待现实的新角度。这种全新的认识，无疑会帮助整个博物馆、博物馆人做出更好的决定——无论是从个人、博物馆或组织层面，还是从整个博物馆信息平台层面来看。当我们准备或已经将大数据利用于博物馆的信息平台建设和改造中时，我们其实不难发现，大数据的进程早就已经开始了，这并不是一个阶段性的，而是一个持续性的过程。大数据可以协助我们在建立博物馆大数据信息体系时根植于事实并对事实进行分析，让我们不仅可以进行预见，做出前瞻性的决断，同时也切实可以创造出一个能够充分发挥其潜力的新模式。以大数据模式建设博物馆信息平台更为突出的地方在于，它更强调提出正确的问题，而非仅仅提供正确的解决方案。随着可用数据的积累，想要更加深入完善大数据模式的博物馆信息平台，我们就需要对已有的各种设想进行重新审视，对已有的数据进行重新分析。我们即将拉开博物馆大数据时代的帷幕。

一、以往的博物馆信息平台所面临的问题

我们以故宫博物院的信息平台为例，看看大数据的介入可以为博物馆的信息平台建设带来怎样的改变。为了可以更加直观的对比，我们不妨先了解一下故宫信息平台的前世今生。

故宫博物院的信息平台分为对内和对外两套体系。对外不必多言，自然是对公众开放的官方网络平台，包括官方互联网平台、官方微博、官方微信等形式。所涵盖的信息包括藏品介绍、展览预告、时事热点推送、官方信息推送（包括文章、热图、文创、网红"御猫"等）。对内则是全覆盖型的OA平台——日常办公平台、财务平台、古建平台、图书馆平台以及最基础也是最重要的影像管理平台。

这些平台所共同面临的问题：

信息的不对称。无论是公众体验者，还是平台的使用参与者（故宫工作人员），都只能被动地接受信息，或被动地补充信息（影像平台相关数据的补充），而一旦需要对平台上的某一或某些信息进行搜索时，平台反馈给使用者的很多时候是不准确的、混乱的甚至是错误的（如影像查询时反馈出错误的影像信息）。公众对于平台的使用需求不能及时、有效地反馈给平台，而平台建设者不知道公众和使用者的真实意图，双方的信息不能对等地进行交互。

臃肿的系统限制了平台的优化。这样的一个信息平台发展到后期，往往追求的是"高大全"。"高"是指平台起点高；"大"是指系统的"金字塔结构"，层层递进、环环相扣；"全"是指的平台全覆盖，面面俱到。在经历了20多年的建设后，它的体量是庞大的，结构是烦琐的，

内容是混乱的，操作是复杂的。而随着时间的推移，根本无法实现对现有的平台进行优化和瘦身。如果将这样的平台推倒重建，大量的资金投入仅仅是一方面，最关键的是时间上不允许。

二、大数据的介入将为博物馆信息平台带来不一样的变革

大数据介入现有的博物馆信息平台，不仅可以全方位地对博物馆平台进行有效地"瘦身"，解放信息平台的"枷锁"，而且可以准确地、快速地对信息进行及时的处理和反馈。博物馆的信息平台的大数据时代将呈现出一些新的趋势：

首先，大数据带动博物馆进行多样化的深度发展。

目前，海量的数据资源正在逐步重构人们现有的思维方式，传统的被动接受模式正在慢慢地从"要我知道什么"变成"我想要知道什么"。面对这一现象，故宫博物院信息平台的建设者积极应对，努力"去功能化"，削弱博物馆职能原有的死板教育宣传的旧形象，专注于大数据，赋能信息化平台。除了故宫博物院的信息化平台，越来越多的博物馆机构也开始重视大数据与博物馆业务的融合，从而提高数据的处理能力。各个博物馆之间也纷纷呈现出微妙的竞合发展的态势，以不同的路径和方式迎接大数据时代的来临。而大数据的复杂性与丰富性使得博物馆信息平台的发展呈现出多样化的趋势。

当然，对于数据的内容，也不是一味的、无原则、无标准的一概照单全收，对于数据中的无用的、非直接关联的，还是需要进行筛选的，一般数据筛选要本着以下几个原则：

数据源必须是真实的、大量的、含有噪声（有针对性或有不同见解、争议）的、用户感兴趣的数据；

发现的知识要可接受、可理解、可运用，并不要求发现放之四海而皆准的知识，仅支持特定的问题；

数据是知识的源泉，将概念、规则、模式、规律和约束等视为知识，这就好像从矿石中采矿或淘金一样，从数据中获取知识；

原始数据可以是结构化数据，如关系型数据库[①]中的数据等，也可以是非结构化数据[②]，如文本、图形和图像等，还可以是半结构化数据[③]，如网页等。

其次，大数据挖掘、推动博物馆信息平台构建新模式。

作为文化传播方面具有很强影响力的文化教育组织机构，故宫博物院一直被视为可以代表着历史文化风味的所在，提供给人们的不仅是一种物化的汇集与并置，同时也是一种精神性的集聚。通过对大数据的分析挖掘，故宫博物院可以根据自身的特色构建更具有自身特点的信息平台。而所谓"数据挖掘"概念，是近年来伴随数据库系统的大量建立和万维网[④]的广泛应用而发展起来的一门技术。"数据挖掘"是交叉性学科，它是数据库技术、机器学习、统计学、人工智能、可视化分析、模式识别等多门学科的融合（图一）。

具体而言，"数据挖掘"就是指在大量的数据中挖掘出信息，通过认真分析来揭示数据之间有意义的联系、趋势和模式。而"数据挖掘技术"就是指为了完成数据挖掘任务所需要的全部技术。比如金融、零售等企业就已广泛采用数据挖掘技术，分析用户的可信度和购物偏好等。大

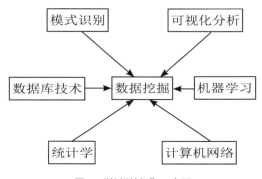

图一 "数据挖掘"示意图

数据研究普遍采用数据挖掘技术，但是数据挖掘中的短期行为较多，多数是为某个具体问题研究应用技术，尚无统一的理论。传统的数据挖掘技术在数据维度和规模增大时，所需资源呈现指数级增长，所以对PB⑤级以上的大数据还需研究新的方法。

数据挖掘从大量的、不完全的、有噪声的、模糊的、随机的实际数据中，提取隐含其内的、人们现实所不知的，但又是有潜在价值的信息和知识的过程。数据挖掘的特点如下：

数据挖掘涉及数据融合⑥、数据分析和决策支持等内容。

挖掘知识的方法可以是数学的方法，也可以是非数学的方法；可以是演绎的方法，也可以是归纳的方法。

挖掘的知识具有应用的价值，可以用于信息管理、查询优化、决策支持和过程控制等，还可以用于数据自身的维护。

数据挖掘是一门交叉学科，将人们对数据的应用从低层次的简单查询，提升到从数据中挖掘知识，提供决策支持。在需求推动下，不同领域的研究者，尤其是数据库技术、人工智能技术、数理统计、可视化技术、并行计算等方面的知识融合后，形成新的研究热点。

数据的挖掘首先是搜集数据，数据越丰富越好，数据量越大越好，只有获得足够的高质量的数据，才能获得确定的判断，才能产生认知模型，这是量变到质变的过程。由此产生经验，经验的积累就能产生有价值的判断。认知模型是渐进发展的模型，当认识深入以后，将产生更加抽象的模型与许多猜想，通过猜想再扩展模型，从而达到深度学习和深度挖掘。正是这样过程及特点，促使着博物馆积极地进行转型，构建全新模式的信息平台。

再次，化解数据时代带给人们的隐忧。

一直以来人们对新的博物馆信息平台大数据时代的到来表示深深的担忧，数据让人们刚刚摆脱原来各种信息的束缚之后，旋即又陷入了对大数据的恐慌当中——大数据的整合，取代了原有的人工，使得博物馆平台在构建过程中排除了更多人为干预的可能性，也在一定程度上消除了一些特定的人工岗位。但从数据的角度来说，正是技术的进步在一定程度上替代了原有的一些特定岗位的存在，对数据进行了更深层次的处理、加工，才更加有效地促进了决策并加快了平台优化的推进进程。当然，无论数据如何丰富，技术如何进步，平台优化如何高效，推进博物馆主体的依然是人，依然保有充分的选择自由。考虑到博物馆平台的发展的非线性特点，大数据只是通过提供的信息的丰富性和复杂性，使人的协作更加高效。

三、大数据协助重塑未来的博物馆信息平台

海量的大数据为博物馆信息平台的搭建提供了丰富的信息和资源，但与此同时，冗量的数据也使得博物馆信息平台在处理分析方面捉襟见肘。而且海量数据的信息处理速度，远不如信息处理质量及信息处理深度重要。通过最终分析得到的数据并不是为了让博物馆信息平台做出简单粗暴的决策或目标。所以为了避免这种情况发生，就需要将这些关键性的信息应用于三个不同领域，即：实现信息数据分析与共享，共享最好是持续性、低成本的；提高辨识能力，实现多维度匹配；全面而且要保护个人隐私的获取观众的偏好信息。

1. 信息数据的分析与共享

博物馆的信息平台如果仅仅是获取原始数据是远远不够的，我们需要知道这些数据意味着什么，它们可以为信息平台提供怎样的支持。信息数据分析可以帮助博物馆信息平台更加详细地了解观众的需要，这样可以帮助平台的搭建者更准确地把握平台的使用和服务脉络。让"谁来服务"和"为谁服务"变得更加明确。在信

息数据分析过程中，往往要面临两个问题：信息分析成本过高和人们处理分析信息的能力有限。所以就需要将这些信息数据共享，让更多的博物馆平台参与进来，一方面可以解决一些博物馆没有过多的资金能够投入到博物馆信息平台的搭建，投入更多的人力物力进行大数据的收集、整理和分析；另一方面，更多的博物馆的加入，可以大大提高信息分析处理的能力。在这样海量数据信息的冲击下，进行分析决策成功率也会得到明显的提升，博物馆信息平台的搭建者、使用者，博物馆的服务者能够更好、更快地对观众进行预判，从而削弱错误决策带来的负面影响，减少不必要的损失，不管是金钱方面的，还是精力方面的。

2. 多维度匹配将成为博物馆信息平台一种基本服务

更好的匹配不仅有利于博物馆的观众群体，更有利于整个博物馆。所以将观众偏好匹配看作博物馆提供的服务改进，也是博物馆信息平台应该改进的目标。在巨大的信息数据环境中，博物馆信息平台的使用者可以更加直接地了解观众的偏好需求，并使用恰当的匹配方法进行匹配。但观众如何表达他们的个人偏好？观众和博物馆之间还是要进行最原始的问卷调查？估计没有谁希望进行如此巨大的"工程"。所以一个合适的匹配系统将成为博物馆信息平台和观众之间进行互动交流的桥梁纽带。这样的一个匹配系统，可以更直接地将观众的个人偏好与他们所需要的博物馆相关信息进行

匹配，同时也可以将观众的建议与意见一并反馈给博物馆信息平台。

同样以故宫博物院"数字文物库"为例（图二）。

故宫博物院于2019年7月16日推出包括"数字文物库"在内的数款数字产品，借助先进的技术手段，挖掘数字文物新价值。"数字文物库"在公开186万余件藏品基本信息的基础上，首批精选了5万件高清文物影像进行公开。未来这个数字还将不断刷新，满足故宫文化爱好者和专家学者欣赏、学习、研究文物的需求，也将为文物保护工作提供支撑。

通过大数据信息匹配，信息平台后台的工程师可以通过分析观众浏览的影像内容、停留时间、搜索记录等相关记录，分析得出观众对哪一类文物、哪一张影像的关注度高，从而对后期的文物库进行有针对性的内容调整和扩充。

3. 偏好信息尽可能做到全面同时还要保护观众的隐私

在一个观众与博物馆信息进行匹配环节中，并不是简单地直接将各种信息进行

图二 故宫博物院"数字文物库"

收集和发送，而是从综合数据流中收集整理观众与博物馆信息平台的每一个互动环节——观众看到了什么。什么时候看的，看了多长时间，进行了什么评论。通过过滤这些数据分析出的观众的个人偏好，从统计学角度推断出观众的需求，信息平台就可以对观众进行更准确的信息匹配。这就是大数据分析的典型方式，其意义就在于全面收集关于某特定现象的数据，并寻找嵌入数据中的复杂模式。这个过程中不可避免地会涉及观众的个人信息方面的隐私，要防止信息的泄露，消除观众的顾虑，也是博物馆信息平台在搭建过程中需要特别注意的。

四、博物馆信息平台要善于将大数据的优势发挥到最大化

首先，利用大数据，服务于观众。

为观众提供个性化的服务，主动适应个性化时代观众个性化的需求，是时代对博物馆的要求。通过博物馆网站、官方微博、各种智能系统所产生的大量与观众相关的非结构化数据，是实现博物馆为观众提供个性化服务的数据资源。基于对观众数据的分析，大数据技术可以帮助博物馆开展跟踪服务、精准服务、知识关联服务和宣传推广服务，针对不同的观众提供更有针对性的服务。事实上，博物馆缺少的并不是数据，而是数据分析的手段。大数据的意义也不在于掌握庞大的数据信息，而在于对这些有意义的数据进行专业化处理。让沉寂的数据活起来，从纷繁凌乱的数据中挖掘观众的行为习惯和喜好，预测观众未来的需求，进而对服务进行有针对性的调整和优化，才是大数据对博物馆服务的价值之所在。

其次，提供更加便捷的学术研究。

为学术研究提供数据支持，大数据一直在研究领域发挥着强大的作用。应用大数据技术，对海量的藏品数据和以往的研究数据进行分析和挖掘，大量非结构化

数据的补充，将会给博物馆的藏品管理和研究以及其他专业研究带来新的发现。此外，来自互联网、移动设备和智能系统的大数据使得公众参与和跨领域合作成为可能性，更广泛的参与性也将为博物馆的学术研究带来新的资源和启示，从而提升博物馆的学术研究水平，推动博物馆各项业务工作的开展。

再次，培养更多的博物馆人才。

如何从海量数据中发现价值，如何寻找隐藏在大数据中的模式、趋势和相关性，揭示其中的事物现象和发展规律，都需要博物馆的服务人员拥有更好的数据洞察力。由于大数据的应用是技术难度极高的集成应用，涉及多个学科领域。因此，在大数据时代，数据管理人才成为数据密集型科研环境下的稀缺人才。博物馆无论是独立运行大数据项目，还是与第三方合作开发，都不能缺少一支具备较强博物馆专业知识同时又懂得数据管理的人才队伍。只有通过相关人才队伍的建立，才能保证博物馆大数据项目的顺利开展。

结语

随着大数据热潮的不断升温，先知、先行者既可能率先受益，也可能率先迷失，关键在于能否看清创新方向并找准应用模式。面对大数据时代的来临，关于大数据技术的应用，盲目推崇和不屑一顾都是不明智的态度。目前，博物馆的大数据技术应用尚在起步阶段，还面临着许多问题和难题，博物馆的数据处理还缺少深入细致的科学划分、研究和可行有效的实践探讨，随着大数据技术在各个行业领域的不断发展与成熟，相信博物馆也将在大数据时代释放巨大的潜能，进一步提升博物馆的整体工作水平，更好地服务于社会，为公众创造更大的价值。

---

① 关系型数据库最典型的数据结构是表，由二

维表及其之间的联系所组成的一个数据组织，其优点是：易于维护，都是使用表结构，格式一致；使用方便，SQL语言通用，可用于复杂查询；支持复杂操作SQL，可用于一个表以及多个表之间非常复杂的查询。缺点是：读写性能比较差，尤其是海量数据的高效率读写；固定的表结构，灵活度稍欠；高并发读写需求，对传统关系型数据库来说，硬盘I/O是一个很大的瓶颈。

②非结构化数据是数据结构不规则或不完整，没有预定义的数据模型，不方便用数据库二维逻辑表来表现的数据。包括所有格式的办公文档、文本、图片、XML，HTML、各类报表、图像和音频/视频信息等。

③半结构化数据(semi-structured data)。在做一个信息系统设计时肯定会涉及到数据的存储，一般我们都会将系统信息保存在某个指定的关系数据库中。我们会将数据按业务分类，并设计相应的表，然后将对应的信息保存到相应的表中。比如我们做一个业务系统，要保存员工基本信息：工号、姓名、性别、出生日期等；我们就会建立一个对应的staff表。

④ＷＷＷ是环球信息网的缩写，（亦作"Web""WWW""'W3'"，英文全称为"World Wide Web"），中文名字为"万维网""环球网"等，常简称为Web。分为Web客户端和Web服务器程序。WWW可以让Web客户端（常用浏览器）访问浏览Web服务器上的页面。是一个由许多互相链接的超文本组成的系统，通过互联网访问。在这个系统中，每个有用的事物，称为一样"资源"；并且由一个全局"统一资源标识符"（URI）标识；这些资源通过超文本传输协议（Hypertext Transfer Protocol）传送给用户，而后者通过点击链接来获得资源。

⑤PB是数据存储容量的单位，它等于2的50次方个字节，或者在数值上大约等于1000个TB。

⑥数据融合是将多传感器信息源的数据和信息加以联合、相关及组合，获得更为精确的位置估计及身份估计，从而实现对态势、威胁以及其重要程度实时、完整评价的处理过程。

（作者单位：故宫博物院）

上庄东岳庙保护探略

杨 帆

上庄东岳庙位于海淀上庄镇永泰庄，始建于明代，其正名为东岳行宫。庙西南约1.5公里处有清康熙朝大学士明珠祖茔，明珠之子、清代著名词人纳兰性德和夫人卢氏葬于祖茔内。明珠在世时曾发愿修缮本庙及附近龙王圣母庙和真武庙（文物名称"北玉河关帝庙"），明珠死后，其总管安尚仁于康熙五十九年（1720）主持修葺了本庙。2003年，上庄东岳庙被公布为北京市第七批市级文物保护单位。

一、东岳庙始建时间及依据

1.建筑格局现状

上庄东岳庙坐北朝南，分东西两路，以西路为主。西院有殿三进，依次为山门、钟鼓楼（现钟楼无存）、天王殿、大雄宝殿、后殿以及左右配殿（图一、图二）。上庄东岳庙山门为大式大木，鼓楼为二层歇山顶大式耍头，出昂。三座大殿保存较完整。天王殿三间，小式大木，硬山调大脊，灰筒瓦，前门拱券有精美的浮雕云龙图案；大雄宝殿三间，大式大木，庑殿顶，双昂五踩斗拱，旋子彩画，前出月台；后殿五间，小式大木，硬山调大脊，灰筒瓦。东路为三进跨院，四合布局，前殿面阔三间，中殿面阔五间并北面出抱厦三间，后殿面阔五间。庙南约百米处有戏楼，坐北朝南，台基高2米，以花岗岩石条砌筑。前为卷棚式建筑，歇山式敞轩，后为硬山式顶，山墙开什锦花窗。

山门西侧门已毁，钟楼仅存台基，上建水塔。前殿整体结构尚存，内部为现代

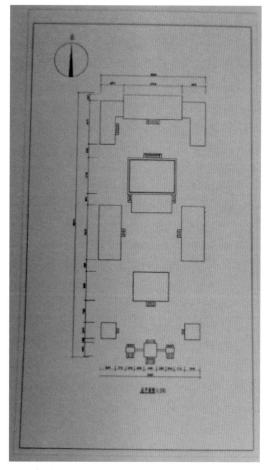

图一 上庄东岳庙西路平面图

装修，前檐彩绘依稀可见，后檐被现代修缮改动。大雄宝殿保存相对较好，月台已不全，前后墙均为现代红砖封堵。后殿踏跺有改动痕迹，前檐结构亦有改动。配殿仅存台明，房屋皆为后建。院内散落有石质构件。东跨院部分建筑亦经现代改动，保存状况较差。戏楼已残破[①]。

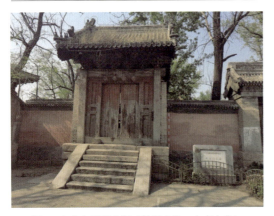

图二 上庄东岳庙山门（拍摄方位：自南向北）

2. 大雄宝殿

考虑到大雄宝殿居于东岳庙核心位置，且结构完整、构件特点突出，故东岳庙始建时间的推断当以大雄宝殿为研究重点（图三）。大雄宝殿为庑殿顶，屋顶坡度较大，每一面都向两端升起，雨季时节雨水从屋顶顺势而下、再远远地抛出去，且大雄宝殿的出檐较多，雨水远离地基，故台明保存较好。台明东、西、北檐底边清晰，条石垒砌。台明前有月台，月台南缘已不完整。月台前踏跺部位已埋入地下。

3. 石碑断代考察

据康熙五十九年（1720）的“重修碑记”所载（图四），康熙早期榆河乡（今上庄镇）即有东岳行宫（今上庄东岳庙），附近还有龙王圣母庙、真武庙（今北玉河关帝庙）。因为纳兰明珠祖茔在东岳行宫西南，明珠扫墓时多次眼见东岳行宫及附近道观破败，便发愿整修。其死

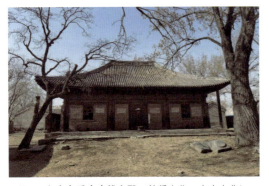

图三 上庄东岳庙大雄宝殿（拍摄方位：自南向北）

〔附〕重修榆河鄉東嶽行宮碑記

賜進士出身翰林院編修加一級華亭王時鴻撰文
賜進士出身翰林院編修加一級溧陽狄貽孫書丹
賜進士出身翰林院編修加一級金壇王澍篆額

都城德勝門之北有曰榆河鄉中有皂莢屯者或云昔造甲處其地平原廣野土厚水深有相國明公與其哲嗣學憲揆文端公墓在焉主穴迺相國之考妣以故相國歲時瞻掃輒流連棲息於丙舍中梵宮琳宇與丙舍隣而鼎峙於二三里內者曰東嶽廟曰眞武廟曰龍母宮皆古名刹而頹圮漸淪沒於荒烟蔓草中相國每過而唏噓皆欲鼎新之於役王事忽忽未能也至康熙戊子初夏公遘疾不起屬其總管安尚仁曰吾藏魄之所塋在祖塋之穆位千載松楸吾其永遊於斯矣惟左近三祠宇吾久欲重加營葺而忽忽未就他時畢吾窀穸爾其爲我成此志毋忘吾言尚仁泣而受教迄今蓋十三年所矣文端公於康熙丁酉年正月去世既營葬於祖塋之次穆位尚仁於是竭資盡力重加修葺三祠宇築基址儲良材皆取樸茂堅固凡既具矣乃大集工師土木并舉三載以來勞費備至而所□東嶽廟眞武廟龍母宮者皆先後落成塗茨丹雘美哉輪奐各延高僧住持在內朝夕焚修粥魚齋鼓三地聲相接刹竿雲氣與旛影飄搖招納四衆膜拜頂禮眞郊原鉅觀也復以榆河馬房皆爲三刹及墓道通衢而清河一畝泉諸水漲溢爲患向有木橋各一日久就圮行人病涉復於兩地各構石梁以通行役而沮洳卑濕之徑一歸坦途尚仁之志於是乎畢而相國未竟之願於是乎得遂尚仁不特以樂善好施爲福田利益其不忘相國遺言而必欲備物盡致無一毫遺憾而後止尚仁亦賢矣哉余按東嶽廟祀昉於唐開元時封泰山神爲天齊王宋大中祥符間加號東嶽天齊仁聖帝其分祀於郡國者若爲神之行宮然京師載在祀典著於朝陽門外榆河鄉之東嶽廟故碑載記亦相傳爲唐時古刹在榆河西道旁舊通白羊口往宣大通衢今爲入居庸路也眞武爲武當神亦專祀於楚而所在立廟亦是行宮意若夫龍母原無專祀而京師之黑龍潭歲旱禱求靈驗最著龍母水母也此地窪下多水祀所由來當亦舊矣東坡所謂掘地得泉正如諸神隨地而感不以泉專在是而始求之也孰謂此三神者不隨地而有靈哉祠既落成尚仁介朱岱請記於余余爲誌其所以修舉之故以傳相國之遺意著尚仁之美事云是爲記

大清康熙五十九年歲次庚子九月穀旦

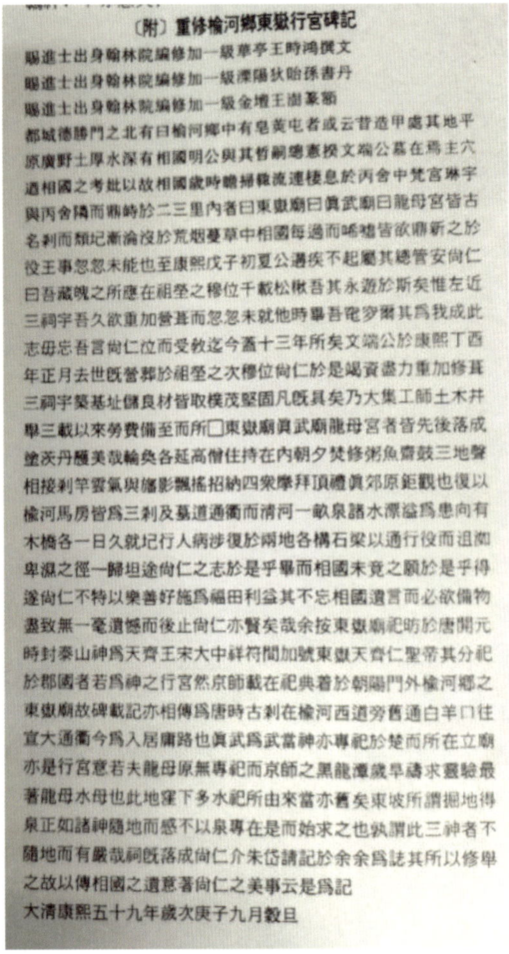

图四 康熙五十九年《重修榆河乡东岳行宫碑记》

后，他的管家安尚仁完成了三座道观的修缮。按重修碑记所载，清代文化体系对以东岳行宫为中心、方圆二三里的三座邻近道观做如下解读：泰山是东岳正神，天下郡国都要有东岳神的行宫；真武大帝专门祭祀于湖北武当山，真武庙亦可为真武大帝行宫；龙王圣母庙“原无专祀，而京师之黑龙潭岁旱祷求灵验最著。龙王，水母也，此地洼下多水。祀所由来当亦久矣”[②]。考察三座道观始建年代：第一，明珠祖茔应为顺治年间营建；第二，附近大西山脚下的黑龙潭龙王庙香火，早在明代见于史料；第三，真武大帝经明成祖亲自拔高祭祀规格后，民间受到广泛而深远的影响。由此可以推断，三座康熙年间业已破败的道观始建年代应该最迟在明末。

4. 建筑学断代考察

关于上庄东岳庙的年代，显然不能仅依据历史资料记载而定，还应当依据地域间建筑形制流变开展研究。安尚仁于康熙五十九年完成三座道观的修葺，其中的东岳行宫以后作为纳兰家庙予以利用。有清一代东岳庙的修缮记录，不见于记载。新中国成立后东岳庙作为宿舍使用，西路的山门殿、大雄宝殿、后殿、配殿墙体多现代改建，钟楼只存有基础，整体格局尚完整，惟建筑年久失修。东路地上建筑已多现代改动，少见古迹。考察上庄东岳庙大雄宝殿外观（未有测绘建筑构建）：第一，其原构保存状况较好，斗拱昂嘴折返明显，斗拱的要头上保留了齐心斗，柱头科的昂翘等宽，屋面曲线低矮折返较缓，房间面宽大过于柱高，这些都是明代建筑的特点；其二，斗拱（角科）踩数为五踩，按明清北京官式建筑角科形制，对比明正统十二年（1447）东岳庙，其瞻岱门为五踩[③]。按明清建筑分期，明永乐至正统时期，建筑分期属于明初，承宋元形制。但简单依照踩数或同类型比对不能作为断代的标准。清官式角科形制的定型期应是康熙二十二年（1683）文华殿的建成，突出的特点是五踩角科斗拱的斜跳搭角的形制特点统一为昂头[④]。东岳庙营造负责人安尚仁，按照官式重修在时间上应该是没有问题的。之后，雍正朝刊布《工程做法》，在角科斗拱搭角做法上，昂头彻底取代常见的小拱头、拱头等其他形制，是与康熙官式定型时期一致的。由此，测绘大雄宝殿建筑构建、勘查角科斗拱搭角做法，是东岳庙大雄宝殿断代的合理途径。

二、宋、辽、金时期的建筑风格

东岳庙大雄宝殿庑殿顶宏伟壮观，其檐出较长，依据角科斗拱形制，明继承宋、元同时有所发展变化，清裁剪明制，罕有创造。山西五台、忻州、大同、太原及河北正定、天津蓟县都遗留宋、元、明时代建筑。文字记载的缺乏，让历史、地理共同点的联系在上庄东岳庙都有了具象的联想和对照。

1. 庑殿顶的大殿

梳理上庄东岳庙的史料，遗憾地发现其在文物、古建及历史研究上的缺乏，长期以来没有得到相关学者的关注，目前也无与此相关建筑在文字与实物方面的详细考证。得益于2009年第三次全国文物普查工作，对上庄东岳庙进行了一次全面但简单的测绘和调查。依据这次普查初步推断，东岳庙始建于明代，康熙五十九年进行了修葺。庑殿顶是观者首见的印象，庑殿顶规格高、气势恢宏，观者于西郊村落中突见大雄宝殿联想到唐宋建筑，是过于简单了。宋、辽建筑恢宏厚重的观感是《营造法式》刊布的明列原因：用材大、斗拱大、出檐深远，故体量大、空间大。同是"大"，一样的气势，原因却不一样：一个是屋顶形制造成，一个是斗拱（铺作）造成。宋、辽大殿四根角柱向内倾斜，故四面呈梯形，这是宋、辽建筑的重要特征。而观东岳庙大雄宝殿角柱都是垂直上竖，四面方正。另，大雄宝殿的转角斗拱（铺作）对屋檐的延伸、出挑用处不大（图五）。斗拱（铺作）是一座建筑中最复杂的部分，上庄东岳庙大雄宝殿的斗拱在整座大殿结构中并不特别突出[⑤]。

图五 大雄宝殿的转角斗拱（铺作）（拍摄方位：自西向东）

2.关注斗拱（铺作）与梁（栿）⑥

斗拱（铺作）与梁架（椽栿）关系紧密，屋顶的大面积荷载需要由斗拱（铺作）传递到梁架（椽栿）上。柱头斗拱（柱头铺作）是斗拱（铺作）层与梁架（椽栿）交接处的关键节点，具有较强的时代性，是古建断代的重要依据。有了关注点，现状勘察仍要细致观察柱头斗拱（如前、后檐与其他部位）形制是否完全相同（类似）或不同，哪种形制点较多。"重修碑记"内关于工艺、耗材未有记录，但推测重修时会有部分斗拱（铺作）或梁架（椽栿）未更换。在缺少文献、重修记录的情况下，依据斗拱形制、梁架特点，参考《营造法式》记述确定其做法是可以的。一些行帮、地方、民族、时代特色的做法考量，根据本文分析，可以忽略不计。

三、如何修缮

古建修缮的前提是详细的现状勘察。现状勘察之前，一些区域历史文化、地理环境、文物建筑概况（含历史沿革、价值评估、管理利用现状）、历史原状研究（如建筑格局、形制研究、营造特点）也要挖掘。现状勘察过程中既要对单体建筑现状进行勘察，也要对油饰、彩画现状进行勘察，最后形成勘察结论，确定工程性质。

1.现状维修或落架重修

根据分析，判断上庄东岳庙始建不晚于明，清康熙时期重修，推测以后有过岁修、零修。构件的年代是否相同或类似，又或不同，需要进一步勘察。按照近年来古建修复理念，现状维修方案受到业内青睐，舆论对"最小干预"原则也普遍认同，"修旧如旧"是古建工程的要求和遵循。

上庄东岳庙缺乏文献、修缮记录，如根据"重修碑记"的记载，以康熙官修同时期实例或雍正朝《工程做法》作为参照和依据进行落架重修，似简单易行。但仍需谨慎：第一，落架重修剔除了康熙前后所有的附着在古建上的历史文化信息；第二，构件的替换量是一个问题。替换量过大，特别是主要构件（斗拱、梁架）替换为新材料，将不可避免地让上庄东岳庙成为康熙官修古建模型。对工程性质的讨论，简单而言主要是上面两种，具体做法对比有很多不同的地方，也有一些基本一致的地方。但对文物信息的保护原则都是一致的。

2.大雄宝殿的修缮建议

以大雄宝殿为例：其规模不大，建筑部位应有屋面（含瓦件、屋脊、椽子，一般还应研究望板、灰泥背、连檐瓦口）、大木构架（一般应含柱、梁、檩、枋）、墙体（一般含坎墙、山墙等）、台基（柱顶石、阶条石、台阶，还应有室内地面），记录装修。勘察要逐项记录历史形制、做法及其变化。特别注意以下几点：第一，现状残损情况。如瓦件、屋脊、椽、连檐瓦口、墙体、柱顶石、条石、台阶应有一定的量化残损，大木构架的开裂度应精确到毫米；第二，特别重视工程实施时候的二次勘察完善。墙柱、台明以下石构件等隐蔽部位受勘察条件限制难以准确勘察，待工程实施时二次勘察完善。

2003年4月颁布的《文物保护工程管理办法》第三章《施工、监理和验收》对设计单位有相关规定：进行质量自检，对工程的隐蔽部分必须与业主单位、设计单位、监理单位共同检验并做好记录；施工过程中如需变更或补充已批准的技术设计，由工程业主单位、设计单位和施工单位共同现场洽商，并报原申报机关备案；如需变更已批准的工程项目或方案设计中的重要内容，必须经原申报机关报审批机关批准⑦。据此，设计单位应在项目施工中隐蔽部位的保护措施、配合施工过程中的设计变更或补充等方面提供服务。故提倡设计方积极参与施工过程，加强沟通、及时调整设计方案，以期待在修缮项目实践中更好地贯彻保护理念。

3. 清理月台、观察基础

前文所述，大雄宝殿由于院落地平抬高，月台及以下部分被掩埋，为了解月台的原状，施工前应对大殿月台进行发掘清理，了解台阶等石质构件的破损、缺失程度，如风化酥碱、局部开裂、局部缺失掉角。另外，观察建筑基础发现，阶条石和柱顶石之间距离要宽于清代同类型建筑。

4. 彩画、围墙或其他特别情况

东岳庙大雄宝殿有旋子彩画。但文献史料中未见各时期有关彩画的记载，故始建时期及各时段的彩画形制及面貌很难知道。现存彩画现状勘察应判断历史沿革。不但应细查于大雄宝殿，还应深入东、西路各建筑，查明是否完全是新建或装修完全作油饰，或无彩画痕迹。东岳庙现西路院西侧仅存部分围墙，其余围墙缺失，应考察围墙历史形制、做法及变化、现状残损情况。其他如出檐特别大，建筑角梁过长，四角用擎檐柱支撑，也需要加以关注。

5. 建议

为了今后能够更好地利用这组文物，建议修复西路被毁坏但基础尚存的建筑，恢复西路的格局，东路也似应恢复历史格局，以便形成完整的古建筑群，为今后的利用创造条件。

习近平总书记多次就文物保护工作作出重要指示批示，他强调，保护文物功在当代、利在千秋，要增强对历史文物的敬畏之心，切实加大文物保护力度[8]。上庄东岳庙文物本体年久失修，残损严重。期待这座充满历史文化气息的庙宇，在认真研究、详尽勘察的基础上，真正把文物保护理念贯穿于施工的过程中，加快开展保护工作。

---

① 《第三次全国文物普查不可移动文物登记表——上庄东岳庙》，2009年。

② 《重修榆河乡东岳行宫碑记》，原碑现存放于北京石刻艺术博物馆。

③ 赵其昌：《明实录北京史料》（二），北京古籍出版社，1995年。

④ 徐怡涛：《明清北京官式建筑角科斗拱形制分期研究——兼论故宫午门及奉先殿角科斗拱形制年代》，《故宫博物院院刊》2013年第1期。

⑤ 宋辽之前斗拱被称为铺作，是一所建筑最为复杂的部分，按照具体位置的不同，分转角铺作、柱头铺作、补间铺作三种。转角铺作是建筑转角部分的斗拱，下面接着角柱的顶端，除了承重的作用，还要考虑屋檐的延伸、出跳。柱头铺作，就是柱头的斗拱。补间铺作是两个柱子之间的斗拱。本文为便于论述，斗拱、铺作都用。

⑥ 宋辽时所称的栿即为明清所说的梁，如四椽栿即五架梁，也就是承托五根檩。本文为便于论述，栿、梁都用。

⑦ 《文物保护工程管理办法》（文化部令第26号，2003年4月1日发布）。

⑧ 新华社：《习近平对文物工作作出重要指示强调 切实加大文物保护力度 推进文物合理适度利用 努力走出一条符合国情的文物保护利用之路》，新华网2016年4月12日。

（作者单位：海淀区文物保护中心）

乾隆石经现状调查及保护措施

王琳琳

乾隆石经是历代儒家石经中最后一部，也是最为完整、规模最大的一部。清乾隆五十六年（1791），为勘正经典，统一教材，乾隆皇帝谕旨以江苏金坛贡生蒋衡耗时十二年手书"十三经"为底本，"刊之石版，列于太学，用垂永久"，称之为"乾隆御定石经"，简称"乾隆石经"或"清石经"。

乾隆石经包括经文：《周易》6碑、《尚书》8碑、《诗经》13碑、《周礼》15碑、《仪礼》17碑、《礼记》28碑、《春秋左传》60碑、《春秋公羊传》12碑、《春秋谷梁传》11碑、《论语》5碑、《孝经》1碑、《尔雅》3碑、《孟子》10碑，共189通；1通"圣谕及进石刻告成表文"；以及乾隆皇帝《御制说经文》石刻13通，乾隆六十年的《御制石刻蒋衡书十三经于辟雍序》满汉文石刻各1通，乾隆皇帝的《御制丁祭释奠诗》1通。共计206通。乾隆石经中经文189通碑，约63万字。石碑均为圆首方座，高305厘米，宽106厘米，厚31.5厘米。碑额篆书"乾隆御定石经之碑"，钤乾隆御玺"表章经学之宝"和"八征耄念之宝"。碑文为楷书，两面刻字，每面分6栏刻写。乾隆石经刊刻后，长期陈列于北京国子监东西六堂内，故保存完好，少有损坏。

一、历史上石经的损坏及保护

早在清代，就很重视对乾隆石经的保护。光绪十一年至十三年（1885—1887）国子监祭酒盛昱委派国子监崇志堂学录蔡赓年（又名蔡右年）主持奏修乾隆石经，并为石经所在的东西六堂设立栅栏，保护石经。"率学官蔡右年等敬谨考核，一归是正，昭垂千古，安设栅栏，兼资保护。"[①]安置栅栏，将石经与观者分隔开，避免了人为的破坏（图一）。

自1905年废除科举制度，国子监废弃，失去原有的教育功能，成为一处供人凭吊的遗址。国子监建筑多有损坏，不能及时维修。国子监东西六堂坍塌漏雨，时有发生，殃及石经。在民国时期修缮国子监档案中曾记载："民国二十一年（1932）十月二十二日，孔庙事务员张清远呈报：修理国子监大和斋工竣，事计东西碑廊飞头两处、太学门、南学序飞头两处，计西碑廊礼记碑一通……"[②]民国二十三年（1934）九月，国立北平研究院史学研究会编辑出版的《北平金石目》例言中载："国子监之石经，近因坍房，砸毁其一。"孔庙国子监乾隆石经中现存一通《礼记》第十三碑，该碑由铁条加固，碑身遗存铁锈（图二）。推断，两则资料

图一 国子监东三堂有护栏保护乾隆石经

图二 铁条加固的乾隆石经《礼记》第十三碑

成，经我组派员前往视察，十三经石碑共190座（现已安好164座），计分五排，每排40座，面均向西，自南首往北顺序排列。其第二排与第三排之间，距离较宽，因地下有暗沟必须避开，遂形成西边两排，东边三排，中间留一走道之情形。在当时布置计划时，亦曾详加考虑，会同研究，因为大量碑刻移置于此一狭窄之地，且需避开暗沟，除如此排列之外，则无妥善办法，限于事实，不得不然。现在移置情形，俱与原计划蓝图相符。惟经过一次迁移，部分石碑不免有所损伤，例如在升吊之时，偶一不慎倒链之一端搭于碑石之上，几分钟的工夫即可将石碑的边沿磨去一块。此种情形如果施工单位很好地加以注意，亦可避免的，但伤痕大都在碑额之上，并未损及字迹，情形尚不严重。再刊刻石经重在摹拓，现在位置对于摹拓并无不便。我组并已掌握全部拓本，如愿参考

应为一事，东西六堂坍塌砸毁的应是这通《礼记》石碑。

乾隆石经一直陈列于国子监东西六堂，1956年搬迁至坍垣（图三、图四）。坍垣是孔庙和国子监之间的一处狭长地带，在搬迁石经之前，负责此事的北京市文化局文物调查研究组经过实地勘察，做出具体方案，并上报文化局③：

关于国子监内全部石碑迁移的问题，我组派员勘察后，作出具体规划，请照附图内容，切嘱施工人员重视文物，在有计划有条理的部署下，妥慎地，依次序移置新地点。据了解，新地点地基松软，碑身高大笨重，请考虑妥善措施、勿使碑身下沉倾倒，致文物遭受损坏。在进行移置工作时，如有必要，可电知我组派员到现场照料。

1956年6月石经搬迁完成，文物调查研究组又上报文化局：

国子监乾隆石经迁移工作已大部完

图三 1956年石经搬迁场景

图四 1956年搬迁后的乾隆石经

表一　唐山大地震乾隆石经震倒统计表[⑦]

国子监十三经石刻区域	左传六册一号，闵公二
	左传十二册一号
	左传三十册二号，"春秋左传襄公九"
	左传四十六册一号，"昭公十一"
	左传三十九册一号，"春秋左传昭公四"
	春秋谷梁传宣公二，"谷梁七册二号"
	礼记十二册一号，"礼记·内则"
	左传五十二册一号，"昭公十七"
	论语三册一号，"论语·先进"

时，即可送阅。除俟全部迁移完竣后检查外，特先报核。[④]

坝垣地处孔庙和国子监外墙之间，地基松软，且地下有暗沟，客观环境并不适宜陈列石碑。但为了给图书馆腾出空间，这些石碑也无更好的陈列地点。"计分五排，每排40座，面均向西，自南首往北顺序排列。其第二排与第三排之间，距离较宽，因地下有暗沟必须避开，遂形成西边两排，东边三排，中间留一走道之情形。"[⑤]当时为避开暗沟，在二三排间留出较宽的距离，现在却成为游人观看石碑的过道。1956年的搬迁石经以安置为主，并未顾及观看的方便。石经没有按照原有的"品"字形排列，纵横排列，虽然整齐，但不便于游人观看。所有石经均面向西排列，这就造成了游人在过道内观看东侧三排的石经是石碑的碑阳，而西侧两排看到的却是石碑的碑阴。当年设备简陋，仅有吊车、倒链，绝大部分工作需人工完成。有石碑边缘被倒链磨掉的情形，所幸伤及碑额，未损文字。"此种情形如果施工单位很好地加以注意，亦可避免的"[⑥]。搬迁后的乾隆石经长期裸露于室外，没有得到足够的重视和保护，据国子监退休老同志说，当年杂草丛生，没过膝盖，各种小动物经常出没。荒凉景象可见一斑。

1976年7月28日，河北唐山地区发生强烈地震，北京震感明显，乾隆石经有倒塌现象。据文物工作者赵迅记录，位于孔庙国子监坝垣的乾隆石经震倒了10通。1977年11月15日，由赵迅、荣大为等文物工作队人员参与石碑的扶正修复工作，采用"倒链将碎碑及倒碑吊起，断面刷净、烘干，将断裂面间用环氧树脂黏合，碑身与碑座、碑首之间用水泥砂浆黏合"的方法。根据赵迅的记载将地震中倒塌的碑刻按区域罗列如表一。

坝垣内碑身断裂修复的石碑除了民国压断的礼记十三外，还有左传四十六、左传五十二、论语三、公羊十这四通。其中公羊十不在地震列表中，推测为统计疏漏。我们仔细观察地震倒塌石碑位置，可以发现，震倒的石碑基本上都是前后相邻（只有礼记十二例外），一通石碑先被震倒，相邻石碑如多米诺骨牌一样，也被压倒断裂。左传三十与公羊十前后相邻，左传十二与左传五十二前后相邻，论语三、左传六和左传四十六三通石碑连锁反应一起倒塌，左传三十九和谷梁七前后相邻。1976年唐山地震震倒的石碑主要集中在东侧，其中只有礼记十二在西侧。在这十通倒塌的石碑中：左传四十六、左传五十二、论语三、公羊十这四通损毁严重，断作多段，后有修复；左传六、左传十二、左传三十、左传三十九、谷梁七、礼记十二虽震倒，但碑身尚未断裂。

1981年首都博物馆曾为乾隆石经建造了一个简易石灰瓦棚，并做了水泥地面，乾隆石经不必经受风吹雨淋，陈列环境有所改善[⑧]（图五）。

2011年遵循北京市政府下发的《关于大力推动首都功能核心区文化发展的意见》中提出了"孔庙、国子监进行文化功能复兴，修建高规格、高品位、高质量的'进士碑展示廊'，'十三经碑林展示廊'"的意见。7月至10月，孔庙和国子监博物馆对乾隆石经陈列环境进行了全面的修缮整治，对乾隆石经进行加固、移碑等项施工，将当年的荒草杂碑建成为现代化的"乾隆石经"碑刻展厅，展厅设置了电子显示屏，为观众深入了解历史，查看碑刻文字，提供了便捷。当年11月1日重新对外开放。这次修整为乾隆石经的保护创造了良好条件，也为游客提供了舒适和便利的观赏环境（图六）。

此次修缮在最小扰动前提下，铺设地面，加盖顶棚，设置感应照明，增设空调设备，使乾隆石经的展示环境有了一个质的提升。为了便于游人观看石碑，在每通石碑上方都设置感应灯光，游人驻足观看某通石碑，则此通石碑上方的灯光随之亮起，而其他处灯并未点亮，既减少了灯光照射对石碑的损害也方便游人更清晰观看石经。

乾隆石经自刊刻完成后分别陈列于国子监东西六堂和壝垣。壝垣最初陈列环境较差，后经过博物馆的整治，陈列环境有了明显的改善。良好的陈列环境是对乾隆石经最大的保护。

二、石经病害情况调查

笔者对乾隆石经进行实地勘查，并请首都博物馆石质研究专家何海平博士使用便携式X射线荧光能谱仪测量石碑化学成分含量，发现乾隆石经石材绝大部分为大理岩，其中钙含量最高，极易风化（图七）。在酸雨冻融等病害侵蚀下，碑石容易粉化，以至于碑石开裂起翘、片状脱落，伤及文字。

笔者逐通石碑进行调查，详细考察了乾隆石经目前石质病害状况、文字漫漶程度及碑文改刻情况。通过实地调查和数据统计分析，我们了解到乾隆石经文字漫漶程度，189通经文碑，1通圣谕及进石刻告成表文碑，彝伦堂16通碑，共206通碑：其中碑石风化、文字漫漶无法辨识的有19

图五 1981年加盖棚子的乾隆石经

图六 2011年现代化的"乾隆石径"碑刻展厅

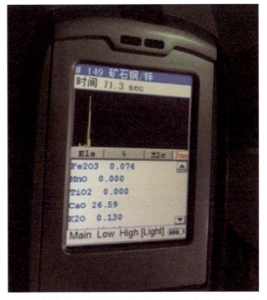

图七 便携式X射线荧光能谱仪测量石碑化学成分情况

通，占9.2%；碑石略有风化、文字尚可辨识的有42通，占20.4%；文字清晰的有145通，占70.4%。虽然目前文字辨识不清的石碑不足百分之十，但碑石漫漶问题不容忽视，乾隆石经的病害不容乐观，如果乾隆石经的病害不加以控制，石碑粉化将越来越严重，可辨识文字也将越来越少。

通过对乾隆石经进行实地考察，我们发现石经现存表面污染、粉化剥落、裂隙、断裂、起翘、片状剥落、表面孔洞、不当修复、局部缺损、碑身倾斜等10种病害。通过统计发现其中以表面污染最为普遍，所有石碑都被污染；其次是局部缺损，占到了36.4%，局部缺损大部分是碑座或碑石边缘受损，幸好未伤及文字，这主要是1956年搬迁和地震等导致。孔洞、粉化剥落、裂隙分别占了32%、29.6%、26.7%，这些属于轻度风化；片状剥落、起翘分别占了10.2%、1.5%，这些已经是重度风化。断裂、倾斜、不当修复这三种情况常常相伴，各5通石碑，各占2.4%。

我们可以发现乾隆石经碑身都有污染情况，这是乾隆石经最为普遍的病害。这种污染分为人为污染和自然污染。碑石上的各种油漆道、墨印、胶印属于人为污染；碑石上纵向的水痕、锈迹则是雨水冲洗留下的痕迹，灰尘堆积，蜘蛛网等属于自然污染。油漆道一般是粉刷展厅、书写碑石编号不小心落到石碑上的（图八）；有的墨笔印痕是故意写在碑身上的，还有些墨痕是拓碑时的墨汁浸到碑石上的（图九）；胶印则是修复不当留下的。

实地调查分析，会发现乾隆石经粉化剥落很严重，粉化剥落使得石经上一些文字已经漫漶不清，甚至已经脱落。石经上的文字信息是最具价值的，文字漫漶脱落将大大降低乾隆石经的文本和文物价值。石碑由于风吹日晒、酸雨侵袭、温度变化、水汽冻融等原因，造成碑石表面酥粉剥落，出现颗粒，碑石表面粗糙，碑身文字变浅，甚至无法辨认。

乾隆石经碑身上有一些裂痕，是石质文物的表面开裂。裂隙是一种轻度的风化，但是裂隙慢慢发展后就会导致表面起翘，起翘后如果不加以控制则会片状剥落，起皮后完全脱离文物本体，而一旦片状剥落后石碑表面的历史信息将荡然无存，使文物的价值大大降低，所以要重视碑身的裂痕，防患于未然（图一〇、图一一）。

乾隆石经共有五通发生断裂，现都已修复完整。乾隆石经断裂主要有两种情况：民国时期东西六堂倒塌砸断石碑，礼记十三；唐山地震石经震倒而断裂，左传四十六、左传五十二、论语三、公羊十。这五通石碑都存在一定程度的修复不当。

乾隆石经一些碑石的个别部位有很小的孔洞出现。石质文物表面溶解风化、软质夹杂物溶解脱落，形成有一定深度的洞穴。表面有孔洞的石碑有66通，占总数的32%。石碑质地不均匀，经过雨水的溶蚀，表面的可溶或易溶物质被溶解后出现孔洞。如果被溶解出现孔洞的位置是空白处还好，若正好是文字部位，孔洞对石经的损害是无法挽回的。

图八 碑身有油漆污染

图九　周礼十四碑阴墨笔涂画

乾隆石经共有5通碑身倾斜。碑身倾斜是指由于地质沉降或外力作用下重心移动，造成石碑不稳定的现象。乾隆石经虽然倾斜很微小，短期对文物无害，但如果不及时修复，将造成石碑摔裂，甚至会危

图一〇　碑身起翘

乾隆石经存在修复不当现象。不当修复是指破损的石质文物采用水泥、钢铁等材料进行修复而产生的病害，这些修复未从根本上控制石碑的病害，在一定条件下甚至会加速石碑风化。由于自然或人为等因素导致乾隆石经碑石断裂，但在当年囿于技术条件，对断裂碑石的修复并不理想，以致对乾隆石经造成二次损害。如前文所述，礼记第十三碑因东西六堂坍塌而砸断，当年以铁条加固，但铁条易被腐蚀，经雨水冲刷后，容易氧化生锈，不仅污染石碑，还会因为锈层的体积比钢材自身要大一些，从而在石碑内部产生较大的应力。唐山地震断裂的碑石主要以水泥加固，水泥中含有较多的可溶性盐，可溶性盐在被雨水冲刷后渗入石碑基体中，使石碑内部的可溶性盐成分增加，会导致石碑的结晶盐风化。

乾隆石经还存在局部缺损的情况。乾隆石经不论是碑首、碑身还是碑座都存在局部缺损情况。在1956年搬迁时，倒链擦损碑身侧边；或因碑石倒塌，砸坏碑首或碑座边角[9]。

图一一　片状脱落

害到游客。

三、病害产生原因及保护措施

(一)病害原因

乾隆石经自刊刻后长期存放于国子监东西六堂内,1956年搬迁至孔庙国子监夹道堧垣内,1981年又为其建造简易石灰棚加以保护,2011年建造现代化的展厅。这样看来,乾隆石经完全存放于室外共25年。我们以石经存放的环境为分期来分析其病害原因。

1.东西六堂时期(1794—1956年)

乾隆石经存放于国子监东西六堂内,光绪年间又增设栅栏保护碑石,乾隆石经得到较好的保护,免去风吹日晒,雨水冲刷。1905年清朝废除科举制度,国子监作为最高学府的职能取消,国学荒废少人问津。这期间虽然也对国子监有过修缮,但因政权更迭,战乱频仍,总体上来说,国子监较为荒芜,房屋坍塌破败,不能及时修缮。曾作为国子监藏书之所的御书楼就因倒塌损毁而消失在历史之中。如前文所述,民国时期,东西六堂损坏坍塌,砸断了《礼记》第十三碑。可想而知,除了房倒屋塌,东西六堂会四处漏雨漏风。

国子监东西六堂有的房屋损坏漏雨,有的房屋则安然无恙,所以这就是乾隆石经碑石保存状态差别巨大的原因。某通石碑的某个部位恰巧位于漏雨之处,长期雨水冲刷,天长日久,水滴石穿,必然碑石受损,文字漫漶,这些受到雨水冲刷的部位会加速风化。而有的碑石所在房屋完好无损,碑石自然字迹清晰。

彝伦堂内存放的十六通碑同样也是1956年搬迁至堧垣,但之前一直在彝伦堂内,彝伦堂在民国时期较东西六堂状况要好很多,没有漏雨情况,所以目前看十六通碑整体都较乾隆石经经文碑保存好很多。

比如第190通圣谕及进石刻告成表文碑,我们将北京市文物局收藏的清代和珅版此碑"衔名册"拓本部分与中国文化遗产研究院收藏的20世纪30年代的拓片相比较,就会发现此碑在民国时期已经风化,但文字尚可辨认(图一二、图一三)。

这通碑在20世纪30年代尚存于六堂室内时就已经风化,应该与当时六堂漏雨有关。恰巧该碑位于漏雨处,长期雨水侵袭,导致碑石风化漫漶。

2.堧垣室外时期(1956—1981年)

历史上乾隆石经从1956年搬至堧垣到1981年搭建石灰保护棚这25年存放于室外,风吹日晒,雨水冲刷,石碑有一些风化。这一时期,工业发展缓慢,对石刻文物损害最大的酸雨尚不严重,所以这一时期酸雨对乾隆石经会有一些危害,但还不

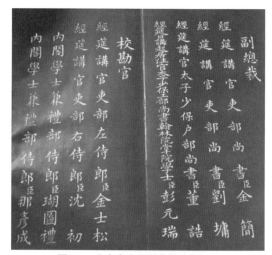

图一二 北京市文物局藏和珅版拓本

图一三 中国文化遗产研究院藏20世纪30年代拓片

是最主要的原因。

雨水冲刷给石碑留下很多印痕，如前文所述，乾隆石经碑身上几乎都有竖条状的水痕，给碑身造成严重污染，这些水痕应该是此时期所留下的。雨水还使原本就已风化的石碑加速风化进程，如圣谕及进石刻告成表文碑，在民国时期文字尚能辨识，而现在风化十分严重，很多文字已完全不可见（图一四）。该碑风化主要是由雨水造成，民国时期因室内漏雨就已风化，这通碑主要受破坏应该是在室外这25年中。

北京市的温湿度变化较大，温度一天的变化幅度大部分都在10℃以上，夏天最高气温可达39℃，冬天最低气温可达-15℃。而岩石的比热较小，导热率较低，组成岩石的矿物热膨胀系数各不相同，碑石位于室外而温差变化大，导致石材的热胀冷缩，在太阳热辐射的影响下，各部分体积胀缩不一，因此在石材内部产生压应力与张应力，从而使晶体间的缝隙越来越大，以致晶体之间完全分离，导致表面变得酥松，最后掉下粉末。冬天气温

图一四 圣谕及进石刻告成表文碑局部

较低也容易导致冻损，一般十二月至次年二月北京气温都在0℃以下，石碑中所含的水分很容易结冰，产生应力使石碑表面风化。国子监室外一天的温湿度变化很大，这种变化呈周期性，引起石质内部晶体的膨胀和收缩，使基体产生规律性胀缩，从而导致石材晶体间的应力增加，使石碑风化。除了温度，湿度在不同时间也会有变化。湿度会导致毛细水的上升和下降，石碑可溶盐的溶解和结晶，晶体结构发生变化，可使石材内部产生应力，导致石碑风化。温湿度变化导致的风化速度很慢，对石碑的危害是一个长期积累的过程，短期内可能看不出危害，但天长日久，会导致石材晶体间孔隙加大、晶间结合力降低而风化。

这一时期，碑石处于室外，温湿度变化较大，所以温湿度的周期性变化是这一时期乾隆石经风化的主要原因。

在这期间又恰逢1976年唐山大地震，倒塌十通碑石，其中有四通碑身断裂，1977年黏合修复。其中公羊十损坏较为严重，断为三段，中下部片状脱落伤及文字[⑩]（图一五）。

这通碑只在中下部区域集中片状脱落，其他位置文字还很清晰。认真观察发现该碑的碑阴文字都很清晰，于碑阳脱落处相对应的碑阴位置并无病害。仔细分析，应该是地震时石碑倒塌，碑阳着地，在没有扶正归安前，碑阳一直紧挨地面。温湿度周期变化，地面水汽上升下降，石碑可溶盐的溶解结晶，导致这一小区域石碑风化起皮脱落。

1977年对地震倒塌的石碑进行修复，受限于当时的技术条件，导致修复不当：以水泥加固，水泥中可溶性盐会导致石碑的结晶盐风化；以环氧树脂黏合处理不当，污染碑身；修复加固时没有将断面完全对好，导致碑身倾斜（图一六）[⑪]。

3. 石灰棚时期（1981—2011年）

1981年首都博物馆为乾隆石经修建了石灰棚，棚子可以遮风挡雨，较大程度地

石灰棚不能完全阻挡阳光直射，也不具备保温效果。阳光直射使石碑表面温度急剧升高，夜间温度又迅速下降，夏天温度会达到30℃以上，冬天温度会低于0℃，石碑产生热胀冷缩，内部应力增加，导致石碑风化。

图一五　公羊十局部

减轻了雨水风沙对石碑的风化作用，使得乾隆石经的风化速度大大降低。但是这个棚子不是完全密封，风雨相伴，所以会有雨水落到石碑表面。而且这个棚子较为简易，存在漏雨现象，雨点从棚子滴落到石碑上，受到雨水冲刷的部位会加速风化。

图一六　修复不当的石碑

在石灰棚的遮挡下，空气流通较差，石碑表面容易积聚灰尘，且灰尘聚集后没有雨水的冲刷会长期附着在文物上，而灰尘中可能含有腐蚀性成分，使石碑风化。

石灰棚不能完全阻挡风沙对石碑的损害，虽然石碑位于过道内，两侧有墙，但易形成风口，而风口处的石碑将会受到更严重的风沙侵蚀。

4. 现代展厅时期（2011年至今）

如前文所述，2011年，乾隆石经的展陈环境得到了全面整治。

展厅全封闭，彻底杜绝了风沙和雨水的侵袭，良好的陈列环境是对乾隆石经最大的保护。但经过几年的观测，发现展厅在保护乾隆石经方面也存在一些之前意想不到的问题。

展厅全封闭，空气流通差，碑石顶部落满灰尘，灰尘越积越多，附着在碑石上，而灰尘中含有腐蚀性成分，天长日久对碑石是一种损害（图一七）。

全封闭的展厅虽然解决了风雨侵袭的问题，但关于温湿度周期变化导致碑石

图一八 粉化的碑座

风化的问题依然存在，甚至因新增的空调设备而加重。展厅在夏季和冬季开放空调设备，但由于空调只在白天开放，这造成了展厅早晚温差较大。石碑产生热胀冷缩，内部应力增加，导致石碑风化。尤其在冬季，下班后关掉空调，温度骤降，在夜里，温度可低于0℃。伴随着温度的变化，水汽在夜间冻结，早上开启空调，结冰又融化。这种冻融现象对碑石的风化很严重。近期调查已经发现一些石碑的碑座出现粉化现象，这就是温湿度变化，冻融引起的。而且我们会发现这种粉化都是从碑座开始，由下至上的，这是因为水汽是从地面上升附着在碑石上，然后温度降低凝固（图一八）。

（二）保护措施

首先，清除乾隆石经表面污染，确保碑身干净整洁。目前乾隆石经最普遍的病害是表面污染，所有206通石碑都有不同程度的污染。清洗应该将机械方法和物理方法相结合，不建议采用化学方法。对表面的可溶性污染物，可采用物理贴敷法；对于不溶的污染物，可采用机械方法进行处理。这些方法的采用对石碑没有副作用，技术成熟。清扫碑身灰尘，剔除碑身上的水泥，用物理方法去掉碑身上的水痕墨渍。

其次，采用有机硅对酥松部分进行加固，恢复石碑整体强度。乾隆石经最棘手的病害是粉化剥落、裂隙、孔洞、起翘、片状剥落，碑石有的已经酥粉，非常脆弱，一些

图一七 碑身与碑座间积满灰尘

甚至已经与石碑本体脱离。石经最重要的就是文字,文字剥落,石经价值降低。保护石经首要就是保护文字!已经起皮的石碑或酥粉的石碑,需要进行加固等处理,否则,病害部分风化会愈加严重,以致掉落。加固剂的选择非常重要,需要有良好的透气性和可再处理性,且老化后不会对石质文物有损害。消除现有的病害,为石经延年益寿,保护石碑不再进一步风化。在何海平博士的《北京孔庙进士题名碑病害及防治技术研究》中对加固剂进行了研究,"选择了有机硅树脂作为加固材料,经实验认为具有较好的透气性和可再处理性能,老化后不会片状剥落"[12]。

再次,采用石质修补剂对断裂处和有缝隙处进行修复,将断裂处黏合,对裂缝处进行填充,确保文物整体完整。乾隆石经五通断裂石碑受当年技术限制,都存在修复不当的问题。用铁条固定石碑的,铁锈污染碑石;以水泥和环氧树脂黏合石碑对石碑也造成诸多病害,而且黏合不齐,碑身歪斜。这些都需要重新修补黏合。乾隆石经还有75通石碑存在局部缺损,这个数量很大,也需要修补。

经过以上三个步骤,对乾隆石经已有的病害进行抢救处理,乾隆石经的病害将极大消除。除此之外,在现代化展厅中,关闭空调,尽量减小展厅温湿度的变化,为乾隆石经提供一个良好的保存环境,使乾隆石经得到有效的保护。

★ 基金项目:北京市哲学社会科学基金项目"北京国子监乾隆石经研究与保护"(15LSB011)。

① 《已故祭酒盛昱请付史馆列入儒林传据情代奏折》,载《军机处录副奏折·文教类》,光绪二十五年十二月,中国第一历史档案馆藏。

② 《天坛孔庙事务员王际森、张清远等人关于保护天坛坛墙禁掘墙砖、黄土调查箭厂空地承租事给坛庙管理所的呈》,北京市档案馆,J057-011-00289。

③④⑤⑥⑨ 《首都历史与建设博物馆修缮使用孔庙、国子监的计划、报告》,1956年北京市档案馆藏,档案编号:011-001-00162。

⑦⑩⑪ 摘自赵迅:《孔庙石碑整理经过补记》,作者手稿,1985年。

⑧ 何广棪:《〈乾隆石经〉考述》,《古籍整理研究学刊》2008年第1期。

⑫ 何海平:《北京孔庙进士题名碑病害及防治技术研究》,北京燕山出版社,2014年,第136页。

(作者单位:中国国家博物馆)